« RÉPONSES »

Collection créée par Joëlle de Gravelaine,
dirigée par Sylvie Angel et Abel Gerschenfeld

MELODY BEATTIE

CHOISIR C'EST VIVRE

Prendre son existence en main
pour en tirer le meilleur parti possible

Traduit de l'américain par Claude-Christine Farny

ROBERT LAFFONT

Titre original : CHOICES

ISBN 2-221-09873-0
(édition originale : ISBN 0-06-008829-X, Harper San Francisco/Harper Collins Publishers, New York)

Pour nous

Introduction

Le don du libre arbitre

« Quand vous aurez découvert le moyen de contrôler n'importe quelle situation tout en conservant votre santé mentale, j'aimerais être mise dans le secret », me dit un jour une femme. Or c'est précisément le sujet de ce livre : comment prendre sa vie en main et éviter de perdre, superficiellement ou profondément, la raison.

« Mon amie a vingt-quatre ans. Elle est sur le point de se marier. Son fiancé est allé faire du ski le week-end dernier et il a été tué. Pourquoi fallait-il qu'il meure ? Pourquoi doit-elle vivre ça ? »

« Je suis sortie avec un homme pendant trois mois. J'étais amoureuse pour la première fois depuis des années. Il m'a plaquée. Depuis mon divorce je n'avais ouvert mon cœur à personne. Pourquoi cela m'est-il arrivé ? »

Pourquoi mon mari me trompe-t-il ? Pourquoi ma nouvelle voiture a-t-elle toujours quelque chose qui cloche ? Pourquoi cette femme merveilleuse a-t-elle dû passer les sept dernières années de sa vie paralysée, clouée au lit ? Pourquoi mon enfant s'est-il retourné contre moi ? Pourquoi mon ex-amant ne me lâche-t-il pas ? Et pourquoi est-ce que moi non plus je n'arrive pas à le quitter – pour de bon ? Pourquoi mes parents sont-ils fous ?

Il est facile de dire : « Tenez bon. Ne réagissez pas en victime. Les choses n'arrivent jamais sans raison », lorsqu'il s'agit de quelqu'un d'autre. Moins évident lorsque c'est nous qui sommes confrontés à des émotions telles que peur, culpabilité, colère, angoisse, nous qui sommes anéantis par un deuil, par des bouleversements qu'il nous faut bien regarder en face.

Dans quelles circonstances sentons-nous la situation nous échapper ? Lorsque nous essayons de faire quelque chose qui s'avère impossible. Lorsque les choses ne se passent pas comme nous l'avions prévu ou souhaité.

Chaque fois qu'un événement n'obéit pas au jeu des causes et des effets, nous nous sentons déroutés, frustrés et victimes de forces que nous ne comprenons pas. S'agit-il d'un hasard aveugle ? Y a-t-il au contraire une logique à l'œuvre ? Ou est-ce le dessein de Dieu, comme le dit C. S. Lewis dans *A Grief Observed* ? « La conclusion que je redoute n'est pas "donc, finalement, Dieu n'existe pas" mais "donc Dieu est comme ça". »

Tout est-il prédéterminé ou avons-nous un pouvoir de décision ? Les deux propositions sont justes. On ne peut pas choisir ce que diffuse la télévision, mais on peut décider du programme qu'on va regarder, ou d'éteindre la télévision. Apprendre à distinguer ce qui dépend de nous – de notre pouvoir de décision et de contrôle – et ce qui nous échappe est essentiel à notre santé mentale et à toute démarche spirituelle.

Il nous arrive bien des événements auxquels nous ne pouvons rien. Qui dépendent d'autres gens et de leur libre arbitre, de Dieu et de la vie. Ce qui dépend de nous, par contre, c'est notre conduite et notre capacité de décision. Nous ne contrôlons pas ce qui nous arrive mais nous avons le choix.

Quel genre de choix ? Passer nos vacances à la mer ou à la montagne ? En dehors de ce genre de choses avons-nous vraiment un pouvoir de décision ? Que se passe-t-il lorsque nous ne pouvons rien à ce qui nous arrive ? La personne que nous aimons le plus nous quitte – meurt, s'en va – ou bien nous sommes contraints de la quitter pour sauver notre vie. Notre meilleure amie nous ment, nous trahit. Un parent, un ami tombe malade.

Quel choix avons-nous alors ?

On se retrouve seule avec deux enfants à élever et un salaire insuffisant. Ou bien, célibataire à quarante-huit ans, on n'a plus le moindre espoir de rencontrer l'âme sœur. On perd son travail, on perd tous ses espoirs. Le projet qu'on a passé sa vie à élaborer ne se réalise pas. En dépit de tous ses efforts, on n'arrive pas à faire décoller son rêve.

On a peut-être le choix mais on ne le sait pas.

Un jour, je discutais avec une amie de ma fille dans la cuisine. C'était trois mois après la mort de mon fils Shane, et je m'efforçais de continuer à vivre. C'était très dur. Je n'avais qu'un seul but, chaque matin, réussir à me lever. Elle m'a posé la main sur l'épaule et regardée dans les yeux. « En cours d'anglais, aujourd'hui, on a eu une rédaction à faire sur le courage, dit-elle, et j'ai parlé de vous. »

Ces mots m'allèrent droit au cœur. Mais ils me firent mal.

Je n'étais pas courageuse. La vie ne m'avait pas donné le choix, voilà tout.

Ou alors je n'aimais pas l'alternative qui m'était proposée : *continuer ou renoncer.*

On a parfois l'impression qu'on n'a pas le choix – pas de solution évidente en tout cas. Ou bien on estime devoir agir comme on le sent. Parfois, aucune des options possibles ne nous convient, ce qui nous oblige à choisir la moins inacceptable – c'est ce qu'on appelle un choix difficile. D'autres fois les possibilités sont si nombreuses que l'indécision nous paralyse.

On ne choisit pas, ce qui est aussi une forme de choix.

Ou bien on préfère laisser quelqu'un d'autre choisir à notre place ; si bien qu'on n'est plus responsable des conséquences de ce choix. Mais c'est une illusion car nous sommes effectivement responsable des options prises par un autre à notre place.

Tous les choix ne sont pas noirs ou blancs. Il en est de gris. Certains impliquent des émotions et des circonstances aggravantes. Et les défis qui nous sont proposés – les choix les plus difficiles ou les plus cruels – concernent souvent des domaines où nous sommes vulnérables. Nos maillons faibles. Certains choix que nous estimons erronés s'avèrent extrêmement positifs. Au contraire, nos gestes les plus nobles se retournent parfois contre nous ou contre les autres, engendrant des conséquences désastreuses.

Prendre en main notre vie requiert autant de vigilance et de détermination que grimper un escalier très raide. De quel pouvoir disposons-nous ? Un pouvoir moindre que la plupart d'entre nous ne le souhaiterait, mais plus important que nous ne le pensons. Nous pouvons, grâce à notre libre arbitre, participer à l'élaboration de notre vie, quels que soient les obstacles rencontrés sur notre route.

Consciemment ou non, c'est ce que nous faisons depuis toujours.

Décider de gravir un escalier trop raide et y arriver n'est pas ce qu'on peut appeler une voie facile ou un acte spontané. Pour faire un usage éclairé de son libre arbitre et prendre les bonnes décisions, il faut souvent renoncer à des idées auxquelles on tient, s'abandonner à Dieu et garder la foi, même quand cela paraît en complète contradiction avec ce que voient nos yeux. D'autres fois, il faut se mettre soi-même au travail, faire des efforts. Dans la plupart des situations, il faut les deux.

Chose curieuse, quand on ne se contrôle pas, on ne s'en rend pas compte. On a simplement l'impression de voir les autres tourner en rond. Et, au contraire, quand on se contrôle, même les choses les plus étranges nous semblent faire partie d'un plan.

Nous connaissons presque tous des moments où tout va pour le mieux. Nous acceptons de lâcher, de faire confiance, de nous abandonner – même sans savoir quelles en seront les conséquences. Alors, il se produit quelque chose de magique, de merveilleux qui justifie notre confiance. Et c'est comme si nous avions découvert le feu, pour la première fois.

« Alors, je peux vraiment me fier à Dieu », pensons-nous. Et si nous pensons cela ce n'est pas parce que nous avons obtenu ce que nous voulions, car, comme nous le savons tous, c'est bien souvent une illusion. Non, si nous pensons cela c'est parce qu'en cet instant nous avons vu l'ordre immanent, le lien vivant qui existe entre toutes choses. La logique qui sous-tend le monde nous a été révélée.

Si vous voulez multiplier ces instants de conscience, ce livre est pour vous. Je l'ai écrit pour les gens ordinaires, de 13 à 103 ans qui recherchent une relation aussi intime que possible avec eux-mêmes, avec les autres et avec le monde.

Nous allons considérer quelques idées simples sur la façon dont fonctionne ce monde et voir comment ces idées peuvent s'appliquer aux choix que nous faisons chaque jour. Nos références seront les religions, certains grands esprits et des histoires vécues. Certaines de ces histoires seront, pour diverses raisons, romancées ou anonymes ; d'autres seront contées exactement comme elles se sont passées. Et j'introduirai dans la trame de mon récit des souvenirs des trois mois que j'ai passés en Chine et au Tibet.

Habituellement, lorsque j'écris un livre, c'est à partir d'une expérience qui en constitue le centre. Je me référerai ici à une multitude d'expériences. Et il ne s'agit pas seulement d'événements ponctuels, mais aussi de choix courageux auxquels les gens sont contraints jour après jour. Toutes ces expériences racontent néanmoins la même histoire – comment la vie peut nous rendre conscients d'être guidés par Dieu.

Le but de ce livre est de nous rappeler que nous avons des choix à faire, la capacité de choisir – même lorsque nous avons l'impression du contraire – et d'explorer certains de ces choix. Bien sûr, il existe dans la réalité beaucoup plus d'options possibles que vous n'en trouverez dans ces pages. Mais les exemples présentées ici vous permettront de vous interroger sur les situations que vous rencontrez vous-même et de prendre conscience des choix que vous devez faire tous les jours.

Vous pouvez aborder ce livre en fonction des chapitres qui vous concernent directement à tel ou tel moment. Ou vous pouvez le lire du début à la fin comme un roman. L'important c'est que vous saisissiez ce concept de choix afin de l'appliquer à chaque détail de *votre* vie quotidienne.

Il est facile de voir les options qui se proposent à autrui. Il est généralement plus difficile de voir celles qui s'offrent à nous et d'agir en conséquence.

La vie peut ressembler à un magma spongieux d'événements douloureux où nous progressons, alourdis par des semelles de plomb. Avec l'habitude, certains apprennent à s'en accommoder. Nous faisons des choix d'endormis, qui nous permettent de supporter des situations très pénibles et créent toutes sortes de drames – mais sans nous donner ce que nous voulons vraiment ni nous indiquer la direction que devrait prendre notre vie.

Il nous arrive d'être perturbés par des émotions qui nous empêchent d'analyser clairement ce que nous vivons. Il suffit souvent d'un rien pour nous rappeler que nos choix ont un pouvoir énorme et que, si modestes soient-ils, ils peuvent modifier considérablement le cours et la qualité de notre vie.

Réveillez-vous. Le réveil vient de sonner. Prenez conscience du don que vous possédez, même si vous ne l'utilisez pas. Vous pouvez l'enfouir, l'ignorer, tenir vos parents pour responsables de votre conduite ou en accuser Dieu. Mais ce don, le libre arbitre, est ce qui nous distingue des anges.

L'ignorer c'est comme laisser un splendide cadeau d'anniversaire traîner dans un coin et finir par l'oublier. Allez-y. Déballez le paquet. Sortez votre cadeau et servez-vous-en.

Le pouvoir de décision vous a été donné, il est à vous, en vous, pour vous.

Première partie

LA GRANDE LOI

Vous êtes à la plage. Lentement le ciel se teinte de nuances roses, mauves, bleutées. Puis la grosse orange disparaît à votre vue. Vous avez l'impression qu'elle s'enfonce dans la mer.

« Le soleil se couche », dites-vous. Mais le soleil ne se couche pas. Il reste immobile. C'est nous qui nous éloignons de lui, à quinze cents kilomètres à l'heure.

La vie ne se réduit pas à ce qu'imagine notre esprit, à ce que voient nos yeux. Certaines choses sont, qu'on les perçoive ou non, qu'on y croie ou non. Nous sommes souvent trompés par les apparences.

On raconte cette histoire d'un écrivain qui vivait jadis dans les régions reculées de l'Alaska. Un jour, il décide de se rendre dans un endroit nommé New York. Il fait le voyage puis revient dans son village. Il est impatient de raconter à son peuple tout ce qu'il a vu : « Ils ont des gratte-ciel, des avions, des véhicules très rapides et pas besoin de chiens pour les tirer. J'ai vu des choses que vous ne pouvez ni imaginer ni comprendre. »

Les gens de son village se moquent de lui. Incapables de se représenter ce qu'il décrit, ils croient qu'il ment, qu'il invente. Plus tard, l'écrivain fait un autre voyage à New York. Mais à son retour il procède autrement.

« C'est bien là-bas, dit-il. Ils ont quelques routes et il fait un peu plus chaud. Rien d'extraordinaire. »

À ces mots, les gens de son village poussent des oh ! et des ah ! Ce sont des notions qu'ils peuvent comprendre, que leur cerveau peut enregistrer, des notions assez savoureuses et digestes pour être acceptées.

Si quelqu'un affirmait qu'il suffit d'exercer son libre arbitre pour avoir la vie dont on rêve, nous nous moquerions de lui. Moi, je n'y croirais pas en tout cas. Ce serait trop beau pour être vrai.

Mais si quelqu'un affirmait qu'en réfléchissant aux choix que nous faisons chaque jour et en utilisant notre capacité de décision nous pouvons modifier notre vie, en réorienter le cours, nous serions sans doute d'accord avec lui.

Donc, comprendre la loi de la causalité et le pouvoir de décision qui est le vôtre peut vous permettre d'améliorer légèrement votre vie.

En vérité cela peut même vous aider à changer énormément de choses.

« Meldid, suis-moi », me dit un jour Lami, mon guide, vers la fin de mon séjour au Tibet. (Ne sachant pas prononcer mon prénom, Melody, il m'appelait Meldid.)

Il m'entraîna dans un labyrinthe de ruelles défoncées jusqu'à un monastère de Lhassa. Trois moines étaient assis dans un coin sur des coussins. Un autre moine aidait une femme d'une trentaine d'années à secouer une boîte remplie de baguettes jusqu'à ce que certaines en tombent et se répandent sur le sol.

Cela me rappela, en plus grand, le jeu de Mikado auquel je jouais étant enfant.

— Que fait-elle ? demandai-je à Lami.

— Chut ! Regarde bien, dit-il. Elle se fait lire l'avenir.

Le moine regarda gravement le dessein que formaient les baguettes puis conduisit la femme vers le coin où siégeait le conseil des moines.

— Les écritures tibétaines contiennent autant de savoir que de sagesse, dit Lami. Elles recèlent les informations relatives à tout ce qui existe au monde – passé, présent et futur – depuis la manière de construire un avion jusqu'à celle de régler un problème avec un enfant.

« Selon la façon dont les baguettes sont tombées, les moines vont choisir un texte. Et ce texte fournira la réponse à la question posée.

Je ne peux que deviner la question de cette femme. Elle paraissait amaigrie, anxieuse, triste. Sa situation financière allait-elle s'améliorer ? N'arriverait-il rien de mal à son enfant ? Était-elle trahie par une personne de confiance ou le serait-elle à nouveau ? Un parent ou un ami malade allait-il guérir ou succomber ? Sa propre santé allait-elle s'améliorer ? La vie allait-elle lui apporter plus de bonheur et moins de malheurs ou bien le contraire ?

Quoi qu'aient pu lui dire les moines, elle ne fut pas rassurée. En s'en allant elle avait l'air encore plus triste et inquiet qu'avant.

Puis ce fut mon tour de découvrir ce que les écritures pouvaient me révéler.

Je secouai la boîte de baguettes. Les moines bavardèrent avec Lami dans une langue que je ne comprenais pas. Lami se tourna vers moi.

— Les écritures disent : il est très important que tu fasses uniquement ce que tu choisis de faire.

Je retournai longuement ces mots dans ma tête. Les moines voulaient-ils dire que j'avais carte blanche pour faire ce qui me plaisait ? Ou bien que je ne devais renoncer à mon libre arbitre que pour m'abandonner à Dieu ? « Ça y est, je sais, me dis-je plus tard, ruminant toujours mes questions. Je peux faire ce que je veux. Tout le monde le peut. » Mais ce n'était pas ce que les moines avaient voulu dire.

Ils voulaient dire : « Honore ce don du libre arbitre qui est en toi et tiens compte de la grande loi des causes et des effets. »

Chaque action est une force qui détermine une force de réaction de même amplitude et de direction opposée. C'est sir Isaac Newton qui a découvert cette loi, mais elle ne s'applique pas seulement au domaine scientifique. Elle s'applique également à nos actes, à nos choix et au domaine spirituel.

Chaque décision prise engendre des conséquences qu'il nous faut accepter.

Certains choix sont sans conséquence. Ils ne provoquent aucun changement notoire, dans un sens ou un autre. Qu'on se couche à neuf heures ou à dix heures, quelle importance ? Mais la plupart des décisions n'affectent pas seulement ceux qui les font, elles ont des conséquences pour autrui.

Comme la chute d'un caillou dans un étang, les choix suscitent des ondes de choc qui se propagent vers l'extérieur.

Dans les années 1960, Edward Lorenz, mathématicien et météorologue, découvrit quelque chose qui n'était pas nouveau : quoi qu'ils fassent, les meilleurs météorologues étaient incapables de prévoir le temps avec précision. Non parce que l'atmosphère devient soudain chaotique mais parce que cela dépend de facteurs qu'on n'avait pas prévus, pas pu prévoir. Ces causes inconnues, aussi minimes soient-elles peuvent empêcher un orage d'éclater ou provoquer une tempête imprévue.

Lorenz pensa d'abord que le battement des ailes d'une mouette suffisait à créer une perturbation dans les eaux du temps. Puis, modifiant sa théorie, il décrivit ce que l'on appelle aujourd'hui l'« effet papillon ».

Si un nombre suffisant de papillons agitent leurs ailes en Chine, la turbulence ainsi créée peut finir par déclencher une tempête aux États-Unis. Il existe donc bien un ordre régissant le monde. Mais on ne discerne pas toujours cet ordre parce qu'il est le résultat de causes et d'effets plus nombreux que ce que les yeux peuvent voir et l'esprit concevoir.

Les petites causes peuvent donc, si on leur en laisse le temps, se développer et créer de grands effets – modifiant ou transformant radicalement ce qui était observable, ce que nous avions prévu.

Il est parfois aisé de voir la cause d'un effet. Mais il arrive que l'on cherche partout, en se grattant le crâne, et que l'on se demande : « Qu'est-ce qui a bien pu provoquer ça ? »

La réponse peut ne pas être évidente mais elle est simple : *visible ou invisible, une force est à l'œuvre, qui a provoqué cet effet. Quelque part, loin, très loin, un papillon a agité ses ailes.*

Des décisions minimes – aux conséquences prévisibles ou apparemment inexistantes – peuvent altérer notre destin et changer la face du monde. Un choix qui implique suffisamment de battements d'ailes peut nous ouvrir les portes du paradis ou de l'enfer.

Étant donné les enjeux présents dans chacun de nos choix, pourquoi quelqu'un ne nous indique-t-il pas la meilleure chose à faire ? Quel soulagement ce serait si quelqu'un nous donnait un bonbon ou nous tapait sur les doigts selon que nous aurions pris la bonne ou la mauvaise décision. Et pourquoi ne sommes-nous pas capables de prévoir immédiatement les conséquences de nos choix ?

« Si nous vivions dans un monde où les effets d'une action négative se manifestaient immédiatement sous forme de douleur et de souffrance, l'élément de choix disparaîtrait de nos vies », écrit Michael Berg dans *The Way.*

Nous serions comparables à des singes dressés.

Cause et effet – ainsi que l'illusion d'un espace intermédiaire – sont les garants de notre libre arbitre.

Dans cette première partie, des anecdotes vécues illustreront la façon dont s'exerce la grande loi. En lisant ces récits, en voyant quels choix ont fait les gens, ne vous contentez pas de vous identifier à eux. Certes on peut penser que rien de ce qui est humain ne nous est étranger, mais il faut commencer par ne pas être étranger à soi-même.

La vie ne se limite pas à ce que nous en percevons, ne l'oubliez pas.

Et soyez toujours attentifs à ce que vous ressentez, à ce que vous êtes, vous.

1

Elle voulait un bébé

— Allez, mon chou, dépêche-toi, dit-il en mettant le moteur en marche.

Sherry monta dans la voiture et s'appuya lourdement contre le dossier. Elle était fatiguée – et grosse. Enceinte de six mois, elle avait du mal à peindre. Mais elle était heureuse, plus qu'elle ne l'avait été depuis longtemps.

Sherry était jeune – seize ans seulement ; sans doute trop jeune pour être enceinte et fonder une famille. Mais elle ne désirait rien d'autre. Elle l'avait rencontré en cure de désintoxication. Elle avait déserté ; il avait terminé son traitement. À force de passer d'une famille adoptive à l'autre, elle n'avait qu'un seul rêve – avoir une famille bien à elle, des gens qui resteraient autour d'elle, qu'elle pourrait aimer.

Ils avaient vécu un certain temps chez ses parents à lui. Mais maintenant ils avaient un appartement. Minuscule mais bien à eux. Toute la journée ils travaillaient ensemble, à peindre et à rénover des maisons, et ils gagnaient assez d'argent pour manger et payer leurs factures.

Elle s'assoupit.

Lorsqu'elle se réveilla, elle était dans une ambulance. Il avait quitté l'autoroute et embouti une série de voitures à l'arrêt.

— Bien des années plus tard, j'ai compris qu'en fait il n'était pas guéri. J'étais montée en voiture avec un homme qui avait bu. Je l'ignorais, à l'époque, raconte Sherry qui ajoute : consciemment du moins.

À l'hôpital, les médecins qui l'examinèrent se montrèrent rassurants : elle n'avait rien et son bébé non plus, elle pouvait rentrer chez elle. Deux mois après, elle accouchait avec un mois d'avance.

— Au début les médecins ont dit que ma fille était lente, poursuit Sherry. C'est ce que j'ai dit à l'assistante sociale qui est venue quand Candy avait cinq ans. Elle se développe lentement.

« En réalité, elle était incapable de manger toute seule. De s'asseoir. De marcher, même à quatre pattes. De dire maman. Elle ne l'avait jamais fait et ne le ferait jamais. La seule chose qu'elle ait jamais réussi à apprendre c'est à tenir sa tête.

« L'accident l'avait séparée du placenta, ce qui avait provoqué des crises d'apoplexie – et son handicap. On m'a dit qu'elle ne vivrait pas longtemps. Elle a vingt-sept ans aujourd'hui et elle est dans une institution depuis l'âge de cinq ans.

« Monter dans cette voiture – avec les conséquences que cela a eu pour moi et pour ma fille – est une décision avec laquelle j'ai dû vivre chaque jour de ma vie.

J'étais dans la cuisine, en train de préparer une salade de tomates. Et je regardais ma fille expliquer à son fils Julian que le poêle était chaud et qu'il ne fallait pas y toucher.

— À quoi penses-tu, maman ? me demanda-t-elle.

— Je me sens coupable de n'avoir pas suffisamment protégé mon fils, répondis-je. Je me sens coupable de lui avoir permis d'aller faire du ski. Cette décision a mis fin à ses jours.

Ma réponse me surprit car cette idée, comme une musique de fond, était perpétuellement présente à mon esprit. Mais je n'en avais pas pris conscience jusqu'au moment où ces mots étaient sortis de ma bouche.

— Ne dis pas de bêtises, c'était un accident, objecta ma fille.

— Oui, je sais. Mais ça ne change rien à mon sentiment de culpabilité.

Qui n'a jamais regretté d'avoir pris telle ou telle décision ? De ces décisions qui altèrent le cours de notre vie. Impossible de revenir en arrière ; nous n'avons plus qu'à accepter notre nouvelle vie.

Ces choix funestes dépendent parfois d'un problème plus large, comme l'alcoolisme.

D'autres fois, le destin est à l'œuvre. Quelqu'un d'autre ou les circonstances choisissent ce qui va advenir d'une autre personne – ou de nous.

Nous devrions peut-être dire à nos enfants autre chose que « ne touche pas au poêle, tu vas te brûler ». Nous devrions peut-être ajouter : « Le karma, mon bébé. N'oublie jamais la grande loi des causes et des effets. »

Le plus facile c'est de se faire pardonner par Dieu
Il suffit de le demander sincèrement.
Le plus dur c'est de pardonner aux autres
Et à soi-même.

2

Triste semaine à Coventry

Il y eut une triste semaine, à Coventry, petite ville d'Angleterre, en 1969.

Deux enfants – Billy et Kenneth – décédèrent, à trois jours d'intervalle. Le père Stephens était jeune, il n'avait que vingt-trois ans. Il servait d'assistant à l'aumônier de l'hôpital où les garçons étaient morts. En parlant avec les parents de Billy, le père Stephens mentionna le décès d'un autre enfant peu de temps auparavant. Il fit la même chose avec les parents de Kenneth.

C'était un petit geste, une décision toute simple.

Les Lawley, parents de Kenneth, envoyèrent des fleurs à l'enterrement de Billy. Ceux-ci, touchés, décidèrent de prendre le thé avec les Lawley. Ils évoquèrent des souvenirs des deux garçons.

Le père Stephens se réjouit de cette rencontre. Les deux familles se rendaient mutuellement service tout en se faisant individuellement du bien.

Bientôt l'habitude fut prise de se voir, de parler, de prendre le thé ensemble. On ne se remet pas facilement de la perte d'un enfant. Au bout d'un moment, le père Stephens incita les deux familles à ouvrir leurs petites réunions à d'autres personnes en deuil. Les parents de Billy et ceux de Kenneth acceptèrent.

Peu après, un autre couple se joignit à eux.

En 2001, six cents réunions se tenaient aux États-Unis pour aider les parents des deux cent vingt-cinq mille enfants et jeunes adultes qui meurent chaque année dans ce pays. Des centaines d'autres réunions se tenaient dans douze pays du monde. Ces rencontres étaient anonymes et gratuites. La « Société des amis compassionnels » était officiellement née.

Dans certains cas, ce qui fait le plus de bien c'est de parler avec des gens qui traversent les épreuves auxquelles on est soi-même confronté.

Une série de choix minuscules faits par trois personnes cette semaine-là à Conventry avait changé la face du monde.

On voudrait tellement décrocher la lune – connaître ce moment de succès extraordinaire, avoir un impact sur le monde. Mais quand on essaie on est généralement frustré parce qu'on n'y arrive pas.

La plupart des choses qui finissent par bousculer le monde de façon positive commencent par de modestes décisions qui nous paraissent justes et nous font plaisir – envoyer une carte postale, passer un coup de fil –, ces gestes simples que l'on fait avec cœur, qui nous sont inspirés par l'amour.

Il n'est pas de satisfaction plus grande que celle de se sentir guidé, soutenu par Dieu au moment de faire un choix. Et cela ne se produit pas quand on essaie de décrocher la lune. Cela se produit lorsqu'on tend à quelqu'un une main secourable.

« Lorsque les anciens accueillent des nouveaux venus dont le deuil est récent, l'énergie qui était tournée vers l'intérieur se met à circuler vers l'extérieur, adoucissant les peines des uns et des autres », disent les Amis compassionnels.

Ce principe ne s'applique pas uniquement aux personnes en deuil.

Servir est le meilleur moyen de réussir.

3

Le moment de vérité

— Elle ne le saura peut-être jamais, dit Greg à Allen au téléphone. Tu crois vraiment que je devrais lui dire ?

Il savait que la réponse serait « Oui ».

— Il va falloir que tu y passes ce coup-ci, mon vieux, dit Allen. Ne t'énerve pas contre ta femme. Parle franchement. Et ensuite excuse-toi.

Greg referma son téléphone portable et se concentra sur la conduite. Un souvenir lui revint : le soir où il avait rencontré Serena, dans un restaurant. Ça n'allait pas très fort avec sa femme, à ce moment-là, mais maintenant ils voyaient un conseiller conjugal. Leurs relations s'amélioraient. Il avait rompu avec Serena quelques mois plus tôt. Leur liaison ne signifiait pas grand-chose pour lui. Mais maintenant Serena menaçait de tout révéler à Maryse, sa femme.

Allen avait raison. Il valait mieux qu'il lui en parle lui-même.

Greg arriva chez lui, mit la voiture au garage. Il avait les mains moites. Qu'allait-il faire ? Tout raconter ?

Il entra dans la cuisine. Maryse l'embrassa sur la joue. Il caressa son ventre rond. Elle était enceinte de cinq mois.

Sa fille accourut et s'accrocha à ses jambes.

— Papa, papa. Je suis contente que tu sois là.

Il regarda sa femme, puis sa fille.

Comment avait-il été assez fou pour risquer de perdre tout ça ?

— Ma douce, il faut que je te parle, dit-il.

Il y a un moment atroce à vivre lorsque les conséquences d'un choix passé deviennent manifestes. L'atmosphère se charge de remords et de frayeur. On a souvent du mal à parler. J'ai vécu cela bien des fois. Le plus difficile c'est de se demander : « À qui la faute ? » en sachant que la réponse est : *À moi.*

Alors on regrette amèrement ce qu'on a fait. Ou bien on regrette d'avoir été découvert.

Certains se servent alors de la loi de cause à effet pour rétablir l'équilibre, faisant ainsi comprendre à l'autre ce qu'ils ressentent. Parfois il s'agit simplement d'une erreur. Mais il y a aussi des gens qui ne se contrôlent pas. Si l'on multiplie les occasions de frayeur et de remords, l'habitude de faire des drames peut devenir – comme n'importe quel comportement compulsif – une cause sous-jacente susceptible de déterminer toutes sortes d'effets.

Il peut être difficile d'établir une relation de cause à effet lorsque trop de temps sépare un choix de ses conséquences. Mais dès l'instant où nous avons fait ce choix, les conséquences ont été créées. Inutile de se leurrer.

Quand on crache en l'air, ça vous retombe toujours sur le nez...

Le plus simple, et le plus dur, sans doute, c'est de reconnaître son erreur. Il suffit d'ouvrir la bouche et, sans faire plus de dégâts, de dire la vérité.

Accepter ses responsabilités
et les conséquences de ses choix paraît souvent difficile
mais c'est un acte libérateur.

4

Il ne s'attendait pas à ça

Ce soir-là, au volant de sa voiture, Robert rentrait chez lui. Il était 17 h 35. Il alluma la radio et changea plusieurs fois de fréquence sans trouver de musique à son goût. Alors il éteignit la radio et enclencha sa cassette préférée.

Il la connaissait par cœur et se mit à chanter *Grande est Ta bonté* à pleine voix. Comme souvent, depuis un an, il se sentait aimé de Dieu.

À la suite de son divorce, dix ans auparavant, il avait cru que plus jamais il ne connaîtrait le bonheur. Il avait rêvé, espéré rencontrer une femme qu'il aimerait et qui accepterait de vivre avec lui. Et il avait connu Rosemary.

Son rêve était devenu réalité.

Il savait bien qu'il est parfois difficile de réunir deux familles. Mais dans son cas il n'y avait eu aucun problème. Il aimait les trois enfants de sa nouvelle femme comme s'ils étaient les siens. Ils l'aimaient tout autant. Tout s'était passé comme on le lui avait prédit : si tu fais confiance à Dieu et si tu fais ce qu'il faut, tout ira pour le mieux.

Il tourna dans la rue où ils habitaient, ralentit et s'apprêta à descendre la rampe conduisant au garage. C'était l'automne. Le sol était jonché de feuilles mortes. Il faisait froid dehors mais délicieusement tiède dans la voiture.

Ce dont Robert se souvient, ce n'est pas le moment d'après mais le moment d'avant.

Un tas hétéroclite encombrait l'allée. Qu'est-ce que cela pouvait bien être ? Il regarda de plus près. C'étaient ses affaires. Tous ses vêtements, tous les objets qu'il possédait empilés là, devant la maison.

Robert courut à la porte. Frappa. Rosemary lui ouvrit, semblable à elle-même, excepté le regard qu'elle posa sur lui.

— Va-t'en. C'est fini. Disparais. Je ne veux plus te voir. Je ne veux plus être ta femme.

Robert s'installa dans un autre appartement, obsédé par une seule question : « Pourquoi, pourquoi, pourquoi ? »

Ses amis avaient beau lui dire qu'il y avait forcément une raison, il ne voyait pas laquelle. La scène se répétait inlassablement dans sa tête – qu'il soit à son travail ou dans son lit, cherchant le sommeil. *J'arrive devant la maison, persuadé que tout va bien. Et je trouve toutes mes affaires entassées dehors.* Il ne buvait pas. Il ne fumait pas. Il était attentionné. Bon mari et bon père.

« Je ne comprends pas, disait-il à ses amis, ce qui a bien pu provoquer ça. »

Rosemary refusait de lui parler au téléphone. Mais son beau-fils l'appela un jour à son travail.

— Tu me manques, lui dit-il. Pourquoi es-tu parti ? Est-ce que tu vas revenir ?

— Je l'espère, répondit Robert.

Et puis son ami Jack, dont la femme fréquentait un autre homme, lui donna deux conseils qui l'aidèrent à s'en sortir. « Ne fais pas de bêtise », et : « Ne fais rien qui puisse blesser autrui ou te faire du mal à toi-même. »

— Mais nous nous aimions tellement, dit Robert. Elle me serrait dans ses bras, me répétant qu'elle tenait à moi, qu'elle n'avait jamais ressenti ça avant.

— Je te l'ai déjà dit et je vais te le répéter, dit Jack. Cette fois-ci l'information va peut-être arriver jusqu'à ton cerveau. Rosemary est maniaco-dépressive. C'est son problème. Tu n'y es pour rien.

Robert entreprit une thérapie. Il alla à l'église et pria. Et, au moment où il commençait à se détacher d'elle, Rosemary finit par lui téléphoner.

— Tu as raison et j'ai tort, dit-elle. Je t'aime. Excuse-moi. Je vais me faire soigner. Reviens, je t'en prie.

Depuis le jour où il avait trouvé ses affaires dehors, Robert rêvait d'entendre ces mots. Il s'empressa de rentrer chez sa femme, mais il comprit vite que son retour ne réglait pas tout.

La scène qui l'avait traumatisé continuait à le hanter. La douleur de la séparation n'existait plus, mais il souffrait toujours. En dépit de ses efforts, il n'arrivait pas à vivre comme si rien ne s'était passé.

« Si elle a fait cela une fois, elle peut le refaire, pensait-il chaque jour. Rien n'est plus pareil. »

Ce que voulait Robert, personne ne pouvait le lui donner : il voulait retrouver sa vie telle qu'elle était avant ce moment-là.

J'étais en voiture avec un ami sur une route pittoresque quand cet ami me demanda de m'arrêter sur le bas-côté le temps de prendre une photo. Un panneau interdisait le stationnement. « Humm, me dis-je, je vais simplement laisser tourner le moteur pendant qu'il prend sa photo. » Je n'avais pas plus tôt pris cette décision qu'un policier de la route apparut derrière ma vitre. Je baissai la glace.

— Alors, madame ? dit-il. Vous n'avez pas vu le panneau ou bien vous avez choisi de ne pas en tenir compte ?

Comme souvent, je refusai de lui répondre directement et tournai autour de la question, expliquant que je ne m'étais pas vraiment garée et que j'allais repartir. La vérité vraie c'était que j'avais choisi de ne pas tenir compte du panneau en espérant ne pas me faire prendre.

C'est une chose que j'ai souvent faite.

À l'époque où j'étais dans une relation de codépendance je me plaisais à croire qu'en le souhaitant assez fort je pourrais nier la réalité. J'avais tout repéré dans cette relation, tous les signes qui, aujourd'hui, me feraient prendre mes jambes à mon cou. Mais ce que je désirais c'était une relation avec l'homme que je voulais qu'il soit, pas celui qu'il était réellement. Mon Dieu oui, j'aurais voulu que ça marche. J'étais persuadée que c'était la volonté de Dieu.

J'avais attendu et prié. J'avais fait ce qu'il fallait. N'était-ce pas là ma récompense ? Je commençai à chercher la vérité, comme Robert, en me répétant inlassablement : « Pourquoi ? » Mais cette question était simplement une façon de ne pas dire à quel point je souffrais.

Il y eut des jours difficiles, et des nuits.

Quand la personne que vous aimez a un problème, c'est très dur. On a du mal à renoncer à ses illusions. Mais j'ai rarement vu quelqu'un, même quelqu'un de profondément croyant, recevoir de Dieu un bonheur éternel.

Toute relation exige qu'on y travaille. Certaines marchent ; d'autres ne marchent pas.

Les signes n'en sont-ils pas visibles ?

La lucidité est un choix.

5

La tentation faite homme

À la sortie de la messe, Kenneth prit Sally à part.

— Tu connais la nouvelle ? lui demanda-t-il. Mark est revenu.

— Mark ?

Elle s'efforçait de prendre un air détaché mais la seule mention de ce nom lui faisait battre le cœur. Cet homme – ange, démon, tentation faite homme – était l'amour de sa vie. Plusieurs fois au cours des années passées ils avaient vécu ensemble. Et chaque fois c'était une catastrophe. Mais chaque fois qu'elle le rencontrait après une de leurs séparations, une petite voix intérieure lui soufflait : « On va peut-être y arriver, cette fois-ci. »

— Tu sais quels sont ses projets ? demanda Sally en se forçant à parler calmement. Il compte s'installer ou il ne fait que passer ?

Elle se mordit les lèvres, priant pour obtenir les informations qu'elle désirait sans avoir à en demander plus. En quelques secondes sa prière fut exaucée ; elle avait le nom et l'adresse de l'hôtel où il était descendu. Pendant que son ami continuait à bavarder, Sally cherchait le meilleur moyen de recontacter Mark.

« Je pourrais lui téléphoner. Ou aller m'asseoir dans le hall de son hôtel et attendre qu'il descende. Ce ne serait pas de l'espionnage, simplement une manœuvre stratégique. »

Sally rentra chez elle et se mit à arpenter l'appartement.

Sans bien savoir pourquoi, elle avait toujours l'impression que leur histoire n'était pas terminée.

« C'est parce que tu ne veux pas en démordre, lui dit la voix de la raison. Tu continues à espérer qu'il soit différent. Tu rêves d'un

Darth Vader sans masque disant à Luke : Je suis ton père – ton père réincarné – et qui serait un type bien. Mais c'est nier l'évidence.

— Ta gueule, répondit Sally pour impressionner la petite voix de la raison. Tu n'y comprends rien. Avec lui c'est une danse qui dure depuis des années. Ça prouve bien que nous nous aimons. Que c'est le grand amour.

— Persister dans son erreur pendant si longtemps, n'indique pas la profondeur d'un sentiment, répliqua la voix de la raison. C'est seulement la preuve que tu n'apprends pas vite. »

Sally considéra longtemps le téléphone. Puis les clés de sa voiture. Mais au lieu d'appeler Mark ou d'aller à son hôtel, elle s'assit à son bureau, ouvrit un tiroir et en sortit une lettre. Une lettre qu'elle s'était adressée.

Chère Sally,

Si je t'écris cette lettre c'est que je tiens à ton bonheur, réellement. Et chaque fois que tu te remets avec Mark, tu souffres et il souffre.

Te rappelles-tu comment ça s'est passé la dernière fois ? Les scènes, les pleurs, la folie pendant des semaines et des mois ? Je veux que tu te souviennes vraiment de ce que tu vis avec lui au lieu de rêver.

Ce qui te revient lorsque tu penses à Mark, ce ne sont pas de vrais souvenirs. Ce sont des illusions. Sans réalité.

Je sais que si tu lis ces lignes c'est que tu te réjouis sûrement à l'idée de le revoir. Chaque fois tu crois qu'en t'y prenant autrement avec lui ça va marcher. Impossible. En réalité vous allez chaque fois un peu plus loin dans la folie et dans le drame. Si les choses se passent comme ça cent fois, il y a de bonnes chances pour que la cent unième fois ne se passe pas autrement – et le temps ne fait rien à l'affaire.

Sois gentille, réfléchis avant d'aller le rejoindre. Prends le temps de ressentir ce que tu ressens réellement au lieu de succomber au désir de le revoir. Il ment, mais avec un tel aplomb qu'il croit à ses mensonges et toi aussi. Il te reproche sans arrêt ton passé. Il te manipule. Il réussit toujours à te rendre folle, à te faire peur.

Tu as fait beaucoup d'efforts pour en arriver là où tu es. As-tu vraiment envie de renoncer à cette paix pour repartir en enfer avec lui ?

Il n'y a pas de mal à abandonner ses illusions, à faire une croix définitive sur son passé.

Il t'a aimée autant qu'il le pouvait. Maintenant oublie-le. C'est toi-même qu'il faut aimer, désormais.

« C'était moins une », se dit Sally un peu plus tard en repensant à cette journée. Elle était contente. Elle avait fini par comprendre que le choix de son avenir lui appartenait. Il suffisait de se retenir avant de faire une bêtise et de réfléchir à ce qu'elle voulait vraiment.

Je posai la cocotte en terre sur la gazinière et réduisis la flamme. « Bon, espérons qu'elle ne va pas casser. » Tout l'après-midi, pendant que je travaillais, je surveillai les boulettes et la sauce qui mijotaient tranquillement. « Jusqu'ici, tout va bien, me dis-je vers la fin de la journée. Encore un moment et ce sera cuit. Je pourrai dîner. »

Je fronçai les sourcils.

« Pourvu que la cocotte ne se casse pas. »

Une demi-heure plus tard, j'étais au téléphone lorsque j'entendis un bruit sec. La cocotte s'était cassée. Ouverte en deux par le milieu.

— Je le savais, dis-je à mon ami au téléphone.

— Non, tu ne le savais pas, répondit-il. Sinon tu n'aurais pas eu besoin de l'apprendre.

Ce qui compte ce n'est pas ce que les autres estiment que l'on devrait savoir. Seules les leçons que l'on apprend par soi-même sont réellement acquises. Quand on n'a plus besoin de faire telle expérience, on ne la fait plus. En attendant, on la répète encore et encore.

C'est la dure loi de la vie.

Cause-effet, cause-effet, cause-effet. Clic. La lumière se fait. J'ai pigé. La vie ne s'acharne pas sur moi. Je suis seule responsable de ce qui m'arrive.

Bravo ! Vous êtes admis dans la classe supérieure. Voyons la suite.

C'est si facile de prendre une décision sans réfléchir, si vite fait. On n'a même pas conscience d'avoir le choix. Alors du calme. Respirez. Rien ne presse.

Prenez le temps d'être présent à tout ce que vous faites.

6

Il fallait qu'elle lui dise

Elle le regarda dans les yeux et parla lentement. Il y avait longtemps qu'Erica n'avait pas été aussi lucide.

— Tu n'y es pour rien, dit-elle, c'est ma faute. Tu n'as rien fait de mal. Mais je suis incapable de m'assumer, et je ne saurais pas comment t'aimer. Je suis complètement bouffée par l'alcool et la drogue. Tu mérites mieux que ça.

L'infirmière entra dans la chambre.

— C'est l'heure, Erica. Il aurait mieux valu que tu ne voies pas ton bébé. Ce sera plus dur, maintenant.

Erica tendit son fils à l'infirmière. Elle détourna la tête pour ne pas les voir s'en aller. Ce qui l'avait aidée à tenir, pendant sa grossesse, c'était de savoir que pour la première fois de sa vie elle se préoccupait du bonheur de quelqu'un d'autre.

Elle fit une courte prière, ne sachant pas si elle serait entendue. « Mon Dieu, prenez soin de mon enfant. Et, quand il pensera à moi, dites-lui que je ne l'ai pas fait adopter par manque d'amour. Dites-lui que jamais je n'avais agi avec autant d'amour. »

— Si vous deviez évaluer votre douleur, quelle note lui donneriez-vous ? me demanda le médecin qui examinait mon cœur.

— Une note sur dix ? demandai-je.

Il acquiesça.

Je fis une rapide analyse de mon état présent.

— Facile, dis-je. Deux, pas plus.

Je vis l'image se former sur l'écran vidéo. Ça pulsait, ça pompait. Ce n'était pas simplement un muscle, un organe interne. C'était ce que certaines philosophies considèrent comme l'essence de notre être, l'amour, le chemin spirituel. C'était un cœur. Et pas n'importe quel cœur. Le *mien.*

— Ouah, c'est un miracle qu'il fonctionne encore, dis-je.

Sans l'avouer, j'étais éperdue d'admiration.

Ils nous déstabilisent, les choix difficiles. Ils sont douloureux. Ils sollicitent le muscle cardiaque au maximum. Nous sommes parfois contraints de faire nous-mêmes des pontages, lorsqu'il faut trancher. Les gens nous conseillent de nous laisser porter par le courant. Mais certaines situations critiques nous obligent à choisir le contraire de ce que nous pensons, de ce que nous souhaiterions, parce que nous prenons le temps de considérer l'ensemble du tableau.

Il y a dans notre vie, dans la vie de tout le monde, des tournants, des embranchements. Certains sont sans grande conséquence. D'autres sont considérables. Personne d'autre que nous ne peut évaluer l'importance de chacun sur une échelle de zéro à dix.

Les choix difficiles transforment notre cœur, muscle banal, en intelligence divine.

Vous êtes en plein marasme ? Vous en avez par-dessus la tête ? Allez-vous continuer à vous détruire par l'alcool ou décider de vous soigner ? Rester marié ou reprendre votre liberté ? Partir ou vous accrocher à l'autre ? Faire ce que vous savez être une bêtise ou prendre la bonne décision ? Pardonner ou cultiver votre rancune ? Continuer ou arrêter ?

Lorsque l'une des solutions est inacceptable et l'autre ne vaut guère mieux, accrochez-vous, battez-vous, priez. Rassemblez toute votre énergie. Soyez aussi lucide que possible sur ce que vous faites et sur les raisons de votre choix. Expliquez-vous s'il le faut. Et puis n'hésitez plus, prenez votre décision.

Vous pouvez détourner les yeux si vous voulez, comme l'a fait Erica. Certains choix sont trop douloureux pour être regardés en face sur le moment. Plus tard ça ira mieux.

Les sentiments sont importants. Laissez-les s'épanouir. Exprimez-les. Mais obéir à une intention pure – aussi minime soit-elle – est la meilleure façon d'utiliser son libre arbitre.

La pureté ce n'est pas déplacer des montagnes.

La pureté c'est escalader les montagnes et parvenir au sommet.

Quelle que soit la situation, il n'est jamais trop tard
pour cesser d'être un effet et devenir une cause – d'amour.

7

Classe affaires

Marika ouvrit son courrier électronique. Un tas de publicités. Un message d'une amie. Et puis son regard s'éclaira. Émotion. *Il* lui avait écrit.

Elle lut le court message : *Rencontre inoubliable dans l'avion. Impatient de vous revoir. Quand déjeunons-nous ensemble ? Dites-moi quel jour vous conviendrait. Jeremy.*

Elle repensa au jour où ils s'étaient rencontrés. Elle allait voir ses parents. Fatiguée, énervée, elle n'était même pas sûre d'avoir une place dans l'avion. Voyager en stand-by n'a pas que des avantages.

La classe économique était complète. Mais, bonne nouvelle, il restait de la place en classe affaires.

Elle trouva sa place et s'installa. Il restait un seul siège inoccupé dans l'avion, à côté du sien.

« Génial, se dit-elle en soupirant d'aise, j'étais la dernière à monter à bord. Je vais avoir deux sièges pour moi toute seule. Je vais pouvoir dormir pendant tout le trajet. »

Puis un homme s'approcha.

— Désolé de vous déranger, dit-il, mais puis-je m'asseoir ici ?

Au début, elle ne lui prêta pas d'attention. Ce n'était pas son genre de papoter avec des inconnus quand elle voyageait. Le vol allait être long et elle avait prévu de dormir. Elle ne ferma pas l'œil. Ils bavardèrent depuis le départ jusqu'à l'arrivée.

Il était beau comme un dieu. Et quels yeux ! Si doux, si profonds. Il était intelligent. Sensible. Il avait lu la plupart des livres qu'elle aimait. Et son costume ! Il fleurait bon la réussite et l'argent. Elle adorait les hommes de pouvoir.

Le seul problème c'est qu'il était marié. Et père de deux enfants.

Elle fut surprise lorsqu'il demanda à la revoir.

— Je n'ai pas l'habitude de sortir avec des hommes mariés, répondit-elle.

Il insista :

— Ce serait juste pour déjeuner. Rien de compromettant. J'apprécie tellement votre compagnie.

Marika réfléchit et, à sa grande surprise, s'entendit répondre :

— Voilà mon adresse électronique. Envoyez-moi un message si vous voulez.

Elle se tut, sourit, puis ajouta :

— Je peux toujours dire non.

Elle ne croyait pas qu'il allait se manifester. Et aussi rapidement. Elle relut le message puis décrocha le téléphone pour appeler sa meilleure amie. Elle lui raconta tout : la beauté de cet homme, son intelligence, son argent, sa femme et ses deux enfants.

— Attends, dit-elle en entendant son amie pousser les hauts cris. C'est bien pour ça que je ne lui ai pas donné mon numéro de téléphone. Et je lui ai dit que ce n'était pas une bonne idée de nous revoir.

— Parfaitement, répondit son amie. Et ne compte pas sur moi pour te consoler quand tu viendras pleurer parce que tu te sens coupable d'avoir failli.

— Mais il s'agit d'un simple déjeuner, dit Marika. Où est le mal ?

— D'accord, alors parle-moi de ce déjeuner. Vas-y. Imagine. Dis-moi exactement ce qui va se passer.

— On va se retrouver dans un restaurant. Un endroit tranquille, sûrement.

— Et que vas-tu commander ? Des spaghettis avec une sauce à la viande ?

Marika réfléchit.

— Je ne vais sûrement pas manger grand-chose. Ou alors un truc léger.

— Pourquoi ?

— Parce que c'est embarrassant de mastiquer devant un homme.

— Sauf si c'est un ami. Bon, et après ?

— On va discuter un moment avant de remonter en voiture.

— Et puis ? insista son amie.

Marika imagina la scène. Inutile d'en dire plus. Il ne s'agissait pas d'un simple déjeuner. Ce qu'il voulait c'était coucher avec elle. Ce beau garçon aux yeux si doux était effectivement le diable en costume trois-pièces.

— Merci, dit Marika.

— Pas de quoi, répondit son amie.

Marika revint à son ordinateur, effaça le message et bloqua la réception d'autres messages provenant de la même adresse. En jouant le jeu de la vérité et de ses conséquences, son amie l'avait tirée d'un mauvais pas.

Le jeu des causes et des effets est plein d'ironie.

Pour garder quelque chose – quoi que ce soit – il faut savoir y renoncer. Pour passer une porte, il faut d'abord la tenir ouverte et laisser passer les autres.

Et apprendre à bien jouer à ce jeu – aussi bien qu'il est humainement possible – est un secret que j'ai mis une bonne partie de ma vie à découvrir. Dans certaines situations, oui, faites ce qui vous paraît juste, faites ce que vous voulez. Mais la voix de la raison et de l'intuition parle parfois plus doucement que celle qui nous pousse vers la dramatisation systématique et l'exagération de nos problèmes. La connaissez-vous cette tendance ? Elle aime craquer des allumettes et jouer avec le feu.

En dehors des choix difficiles, décisifs que nous sommes parfois amenés à faire, il y a les petites décisions quotidiennes. Vais-je faire le bien ou envenimer la situation ? Persévérer ou m'arrêter ? Me détendre et lâcher ou insister, me buter ? Décrocher le téléphone, appeler quelqu'un et lui rendre service ou continuer à m'apitoyer sur mon triste sort ? Ressentir ou m'anesthésier ? Faire quelque chose d'agréable, de satisfaisant ou rester là à me torturer indéfiniment ?

Il arrive qu'on ne sache vraiment pas quel parti prendre. L'incertitude est endémique. Mais il n'est pas rare d'entendre cette petite voix nous inciter à faire des bêtises. Prendre une décision difficile ce n'est pas toujours faire le contraire de ce qu'on pense ; c'est souvent résister aux mauvais conseils que nous souffle cette petite voix intérieure.

L'ennui vous prend. Vous pouvez choisir de rester assis dans le noir. Craquer des allumettes et jouer avec le feu. Mais vous pouvez aussi jouer au jeu des causes et des effets, c'est-à-dire prendre les décisions difficiles qui apporteront une vraie lumière dans votre vie.

Trépignez. Criez. Pleurez. Racontez à quelqu'un ce que vous ressentez. Sortez-le, décortiquez-le, faites-en le tour.

C'est souvent avec soi-même qu'on a le plus de mal à être honnête.

8

Face au mur

Jonathan s'était retrouvé face à un mur.

Il aurait voulu l'abattre d'un coup de poing. Au lieu de cela, il devait le peindre. Reprendre le pinceau, balancer la peinture sur ce fichu mur en grommelant tout seul.

Cette maison était un vrai palace. Ces gens-là étaient riches à millions. Il avait fait quatre ans d'études secondaires. Ensuite il avait travaillé pour presque rien, mais accumulé de l'expérience. Pourtant il était bon dans les domaines qu'il avait choisis, dessin d'architecture et management.

Pouvait-il trouver un emploi correspondant à sa formation ? Non.

S'il voulait manger, il était obligé de travailler chez les riches, de repeindre des salles de bains, des cuisines et des chambres qui n'en avaient même pas besoin.

Il versa de la peinture dans son camion et revint à son mur. Il avait fini les bordures. Il peignait maintenant au rouleau. Cela ne lui donnait aucune satisfaction. Aucun plaisir. C'était un boulot. Rien d'autre. Et pourquoi n'arrivait-il pas à faire décoller sa carrière ? Ces gens-là avaient réussi, ils possédaient tout ce qu'on peut désirer et lui se retrouvait coincé dans leur cuisine, dans une épouvantable odeur de peinture.

« Si tu t'en remets à Dieu, tout se passera bien. »

C'est ce que tout le monde lui répétait depuis des années.

Il priait, il méditait tous les jours. Parfois même deux fois par jour. Et rien ne se passait. Rien ne faisait mine d'arriver. Depuis un an, il se heurtait sans arrêt à des murs.

« Si ce que tu fais est juste, ça se réalisera facilement. »

Il voulait dessiner des logements thérapeutiques pour malades du sida. Que pouvait-il y avoir de plus juste ?

Il n'était pas seulement furieux d'en être réduit à peindre. Il en voulait à Dieu. Et il lui était de plus en plus difficile de garder la foi. Comment réagir quand on se conforme aux lois prescrites pour découvrir que ces lois ne sont pas vraiment les lois en vigueur ?

Jonathan ne savait pas ce qui l'attendait. Il ne savait pas quoi faire. Il n'avait pas d'autre horizon que ce mur qu'il avait devant lui. Une seule chose l'aidait à tenir, en dehors de sa peinture, raconter à ses copains à quel point Dieu l'avait déçu.

Trois ans plus tard, il décrit la situation autrement. Certes il exprime toujours la frustration qui était la sienne de peindre des murs pendant que tout le monde autour de lui donnait forme à ses rêves. Mais il ajoute que cette expérience l'aide aujourd'hui à travailler avec les gens pour lesquels il construit des logements et qui sont souvent dans un état psychologique comparable – en plus profond. Il parle de la nécessité d'une formation qui dépasse et complète ce qu'on peut apprendre à l'école ou dans un bureau. Et il ajoute que le fait de ne pas savoir ce qui se passe ni pourquoi est important, nécessaire. Parce que si on savait, on ne s'immergerait pas complètement dans l'expérience. On se contenterait d'attendre. On n'apprendrait pas.

Il affirme que les lois sont bonnes à suivre. Et que faire confiance à Dieu veut parfois dire se retrouver devant un mur, qui n'en est pas un, finalement.

Alors, si on fait le bien il nous arrive de bonnes choses ? Et si on fait des choix négatifs, il en découle des conséquences négatives ? Si le jeu est bien celui des causes et des effets, est-ce là la règle du jeu ? Souvenez-vous de Sherry, la jeune fille enceinte qui est montée en voiture avec un alcoolique. Elle l'ignorait. Et sa fille ? Qu'ont-elles fait de mal ? Et quand on croit prendre la bonne décision et que ça se passe mal ?

Chaque fois que je saute d'un avion, je sais que je vais partir vers le bas, pas vers le haut. La loi de la pesanteur est immuable. La loi de cause à effet aussi.

Quand on fait A et qu'on se heurte à un mur parce que
ça n'amène pas à B – ou du moins pas au B que nous avions prévu,
ce n'est pas que la règle du jeu ou la loi est fausse.
C'est que le jeu ne fait que commencer.

Deuxième partie

VIVRE LE MYSTÈRE

« Steeplechase ».

Je me réveille en pleine nuit, tirée d'un profond sommeil, en criant ce mot. Quelqu'un me l'a dit – hurlé – dans un rêve.

Pendant des semaines je m'interroge sur la signification de ce mot, et la raison pour laquelle il m'a été lancé avec tant de force. Je consulte le dictionnaire : « course en plein champ ou course d'obstacles ». Je ne comprends pas.

« C'est sans doute le nom de quelqu'un », me dis-je.

À ce moment-là je me pose beaucoup de questions sur le sens de mon voyage en Chine et au Tibet où j'ai escaladé quatre montagnes sacrées. J'ai l'intention de retourner au Tibet pour visiter le mont Kailasa qui est, pour certains bouddhistes, la montagne la plus sacrée. Brusquement l'explication me frappe, avec autant de force que le mot lui-même.

Ce n'est pas le nom de quelqu'un. C'est le nom du jeu.

J'avais commencé par râler en grimpant jusqu'à une grotte.

— Je n'entre pas là-dedans, dis-je en considérant la petite ouverture entre deux rochers. Ce n'est qu'une grotte sombre et malpropre.

J'étais en Chine parce que je voulais visiter le Tibet. Pour obtenir visas et autorisations, mieux valait en effet les demander directement depuis la Chine. Et puis nous avions décidé, avec mon ami Joe, d'en profiter pour visiter les quatre montagnes sacrées. L'occasion ne se représenterait peut-être jamais. J'ai pris cette décision sans trop savoir pourquoi, mais elle me paraissait juste, sur le moment.

Et c'est ainsi que je me retrouvai à l'entrée de cette grotte en bord de mer, dans la petite île de Putuoshan où se dressait notre première montagne sacrée.

J'étais avide de magie et de mystère, mais plus je voulais m'y plonger, plus les choses devenaient banales. Depuis que j'avais pris le train à Hong Kong, les gens me dévisageaient, me montraient du doigt. Les Chinois essayaient de me faire manger des têtes de poisson et de l'anguille. Personne ne parlait anglais, sauf pour me désigner en disant *hello* d'un air moqueur. Cracher était apparemment une coutume locale.

Le voyage en ferry de Shanghai à Putuoshan avait été long et bruyant. Une musique stridente n'avait cessé de hurler toute la nuit, provenant du bar karaoké du bord. J'essayai de fermer les fenêtres, mais il faisait trop chaud. Et puis un homme affligé de flatulences s'était installé juste sous ma fenêtre ouverte.

Mon genou gauche avait pris les proportions d'un melon à cause des trente kilos de bagages que je transportais sur mon dos. Je ne marchais plus, je chancelais.

Et je n'avais pas encore gravi la première montagne.

— Entre, au moins, me dit Joe. Puisqu'on est là. Allons jeter un coup d'œil.

Je me faufilai dans l'étroite ouverture. Rien que de banal. De la lumière filtrait par des failles dans le rocher. Au sol, des flaques d'eau. Quelques saletés. Et cette drôle d'odeur, caractéristique des grottes, odeur de terre et de vieux.

Contre la paroi il y avait une petite table en bois et une chaise cassée. Je me demandai si un moine s'était assis là pour méditer. Je me demandai à quoi il pensait, assis dans ce lieu. Une petite ouverture donnait sur une autre pièce. J'y jetai un coup d'œil, dix centimètres d'eau sur le sol.

De l'autre côté, je ne voyais qu'une obscurité profonde. Impossible de savoir s'il s'agissait d'un mur ou d'un espace conduisant quelque part.

— Tu veux aller voir ? demanda Joe.

— Pourquoi pas ?

J'étais environnée de ténèbres. Plus de lumière. Je ne voyais plus rien. Ni sous mes pieds. Ni devant moi. « Méfie-toi, me dis-je. Sois prudente. » J'étais soudain passée à un degré supérieur de conscience. « Ralentis. Respire. Sers-toi de tes mains pour trouver ton chemin. Tu sais comment te comporter quand tu ignores ce qui va t'arriver. Tu t'es trouvée bien souvent dans la même situation. »

— Et maintenant que ça va mieux, qu'est-ce que je fais ? demandai-je à ma conseillère au début de ma cure de désintoxication (j'étais accro à des médicaments) en 1973.

— Pas grand-chose, répondit-elle. Change complètement de vie, c'est tout.

En 1980, j'étais épuisée. Vidée. Usée jusqu'à la corde à force de vouloir guérir un alcoolique pour qu'il m'aime comme je voulais être aimée. J'étais à bout d'inspiration et au bout du rouleau. « Pourquoi ne pas tenter autre chose ? me dit quelqu'un. Renonce à changer ce que tu ne peux pas changer et commence à t'occuper de toi-même. » J'en restai bouche bée. Je n'avais pas la moindre idée de ce que cela voulait dire, arrêter de contrôler les autres et vivre pour moi.

En sortant du tribunal, six ans plus tard, je me sentais à la fois folle de joie et de terreur. Le divorce me libérait d'un mariage qui n'avait pas duré plus que ça. Mais je me retrouvais seule, seule pour élever deux enfants.

Je suis assise dans le couloir. Nous sommes en 1991. Je ne me souviens plus du numéro de ma chambre, ni du chemin pour y arriver. Je suis incapable de fonctionner, de penser. Les visages et les noms se sont mélangés, à l'enterrement. J'étais en état de choc, absente. « Quel cercueil voulez-vous ? m'avait-on demandé. – Je n'en veux aucun. Vous comprenez ce que je vous dis ? Je veux mon fils. Vivant. » Tous mes rêves, mes projets, mes espoirs – la douce perspective d'être la mère de deux adolescents à chérir, à faire vivre grâce à un travail que j'aimais – tout m'avait explosé à la figure. La question n'était même pas de savoir ce que je ferais après. Je ne savais pas quoi faire maintenant.

Juin 1999. Je me tiens à la porte de l'avion. À vos marques. Prêt. « Non ! Je hurle. Douze mille pieds de haut. Je vais mourir ! » « Tu as bien plus de chances de mourir d'un accident de la route. Oui, tu peux mourir. Mais je te conseille plutôt de sauter parce que ça risque aussi de te procurer beaucoup de plaisir. »

Dans les ténèbres de la grotte, je tâtonne, avançant avec précaution. Où me conduisent mes pas ? Vais-je vraiment arriver quelque part ? Enfin, j'aperçois une lueur. Je m'en approche. Une porte en bois ouvre sur la rue.

« Ce n'était pas une grotte obscure et malpropre, me dis-je. C'était l'antre éternel de l'inconnu. »

La vie ne se limite pas à ce que nos yeux physiques peuvent voir. Il y a longtemps qu'on le dit. Richard Bach en parle dans *Jonathan Livingstone le Goéland*, cet oiseau persuadé qu'il existe d'autres dimensions et qui part de cette intuition pour apprendre à s'élever de plus en plus haut. Dans *Le Héros aux mille visages*, Joseph Campbell raconte ce qui nous attend. Rencontre avec des guides, des ennemis, des obstacles au cours de la descente au fond de la grotte où se trouve le trésor. Puis, lorsque nous sommes en possession de l'or, la mort nous guette sur le chemin du retour. Bill Wilson, dans *The Big Book of Alcoholics Anonymous*, décrit ce voyage comme un passage dans la quatrième dimension de l'existence. Margery Williams en a fait un livre pour enfants, *The Velveteen Rabbit*.

J'aime les mystères. J'aime le concept de voyage initiatique. Je m'identifie à Jonathan Livingstone, le goéland. *The Velveteen Rabbit* me tire des larmes.

Et atteindre la quatrième dimension décrite par Bill Wilson c'est vivre plus intensément sa vie. Comme le disait récemment une amie : « Quand je me laisse guider par la raison, pas par mon intuition, la vie devient banale, ennuyeuse, berk ! »

Si nous sommes nombreux à aimer l'idée d'un mystérieux processus de croissance tel qu'il est décrit dans *Jonathan Livingstone le Goéland* et *Le Héros aux mille visages*, le vivre pour de vrai est une autre histoire – surtout au début. On se fixe un objectif. On prend une décision concernant ce qui va arriver. On avance et bing ! Ce n'est pas du tout ce qu'on croyait.

A ne nous a pas conduit au B que nous avions prévu.

Le concept de mystère dans les romans et les films est très séduisant. Dans la vie, lorsqu'il nous concerne directement, il est effrayant. Non seulement nous ne savons pas ce qui nous attend mais nous ne comprenons pas ce qui nous arrive.

Appelez-ça le vide, l'inconnu – comme vous voulez – c'est un passage obligé avant d'apprendre quoi que ce soit de nouveau. Remplissez un verre d'eau. Jusqu'au bord. Maintenant essayez d'ajouter encore de l'eau. Vous pouvez toujours essayer – vous n'y arriverez pas. Il faut d'abord vider le verre avant d'y mettre autre chose.

C'est un principe très simple que l'on oublie facilement.

Mais un espace vide contient énormément d'énergie.

On ne peut pas s'ouvrir à la nouveauté en restant accroché à ses habitudes – idées, projets, opinions.

« Que cela provoque curiosité, effarement, choc ou soulagement, peu importe », écrit Pema Chödrön dans *The Places That Scare You*. « C'est lorsqu'on est surpris, lorsque notre vie vole en éclats que nous apprenons. »

Laissez-vous envahir par la frustration, c'est mieux que de ne rien ressentir.

Efforcez-vous de tout contrôler, contre toute logique. Allez jusqu'à l'épuisement s'il le faut. Et puis transformez votre frustration en fascination. Trouvez une autre forme de contrôle. Choisissez délibérément de vous enfoncer dans l'inconnu, dans la caverne mystérieuse.

Avancez prudemment. Si vous n'y voyez rien, tant mieux. Cela permettra à vos autres sens de prendre la relève. Détendez-vous. Respirez. Tâtonnez dans le noir jusqu'au moment où vous verrez apparaître de la lumière.

Le plus difficile c'est de se souvenir qu'on n'est pas seul dans cette épreuve.

« Les gens préfèrent leurs habitudes à l'inconnu, m'a dit un ami, même si leurs habitudes ne correspondent ni à ce qu'ils aiment ni à ce qu'ils veulent. » Dans cette deuxième partie, nous examinerons l'histoire de gens qui ont choisi l'inconnu – ou qui ont été choisis par lui – et ce qu'il en est résulté.

Il est facile de s'arrêter à l'entrée de la grotte en disant, « je n'entrerai pas là-dedans. Il fait noir. J'ai peur. Je suis fatigué. Merci tout de même, mais je vais me contenter de ce que je vois et de ce que je connais. » Que vous soyez motivé par la peur, la curiosité, la culpabilité, le désespoir ou les circonstances, j'espère que ces histoires vous encourageront à aller un peu plus loin.

Ne vous accrochez pas à ce que vous croyez savoir.

Entrez dans l'inconnu. Regardez autour de vous. Si vous n'y comprenez rien, aucune importance. Chut ! Je vais vous dire un secret : plus vous acceptez de perdre le contrôle, plus vous aurez de pouvoir.

Bienvenue dans le mystère de la vie.

1

Elle a trouvé le secret

Denise était déjà de mauvaise humeur lorsque sa mère lui téléphona – ivre.

Le dernier mariage de Denise, une folie, un coup de tête, avait rapidement tourné au désastre. La seule chose qui l'avait retenue un certain temps c'était ce dont elle avait grand besoin et lui grande provision : l'argent.

Sa nouvelle liaison se passait mal. Denise mettait pourtant tous ses atouts dans la partie : beauté, charme, esprit. Elle se montrait attentive aux moindre désirs de son partenaire. Mais plus elle essayait de le retenir, plus il s'éloignait.

Ça ne marchait pas. Elle se demandait même pourquoi elle employait le mot « relation ». Ils n'avaient de relation que dans son imagination.

Le suicide de son jeune frère, six ans plus tôt, avait été un coup dur. Difficile à surmonter pour Denise et pour sa mère. Mais voilà que le sort s'acharnait sur sa famille. Comment pouvait-on se faire aussi mal en tombant d'un escabeau ? Sa sœur était allée aider sa mère à faire un grand ménage dans sa cuisine. Debout sur un escabeau, elle nettoyait les placards, et puis d'un seul coup elle s'était retrouvée par terre.

C'en était trop. Sa mère venait de l'appeler – ivre – pour lui donner le dernier pronostic du médecin : sa sœur resterait dans le coma, paralysée, pour le restant de ses jours. Un hématome interne avait définitivement endommagé une partie de son cerveau.

Denise appela une amie. Son amie l'écouta puis lui fit part de sa propre expérience.

— Ce que j'ai eu le plus de mal à comprendre, dit-elle, c'est que lâcher ne voulait pas dire me désintéresser des gens, des lieux et des choses, mais renoncer à mes idées sur ce que devait être la vie.

— Ce jour-là, raconte Denise, quand ma mère m'a appelée complètement saoule, j'ai touché le fond. Tout ça – ma relation, l'alcoolisme de ma mère, le suicide de mon frère, l'accident de ma sœur – c'était vraiment trop. Impossible de continuer à croire que je pouvais contrôler ma vie.

« Alors j'ai cessé de lutter.

« J'ai lâché.

Trois ans plus tard, Denise décroche le téléphone pour appeler sa mère. Demain, elle va se marier. Qui aurait pu penser qu'elle épouserait ce genre d'homme ? La première fois qu'il lui avait proposé un rendez-vous, elle l'avait repoussé. « C'est un ahuri », avait-elle dit à ses amis.

Mais au cours de l'année suivante elle avait découvert que cet ahuri était un chic type. Il était bon avec elle. Et elle ne se sentait plus obligée de manipuler les hommes pour qu'ils s'occupent d'elle. Elle savait le faire elle-même.

— C'est devenu plus facile de me prendre en charge que de manipuler les hommes pour qu'ils le fassent, dit-elle. En plus, ça m'a libérée. Je n'avais plus besoin des hommes pour survivre. Si je choisissais d'entreprendre une relation, c'était pour autre chose – l'amitié, le plaisir, le rire. L'amour.

« Je pouvais enfin être moi-même.

La mère de Denise décroche. Un peu éméchée mais pas ivre. Denise lui parle de sa sœur. Elle est allée la voir à l'hôpital mais n'a pas pu faire grand-chose. Elle raconte combien la perspective de son mariage la met en joie. La cérémonie sera très simple mais ils s'offriront une lune de miel romantique. Sa mère lui dit qu'elle se réjouit pour elle.

— Je réfléchissais, poursuit Denise, et je me disais combien cela doit être dur pour toi avec une fille paralysée et tout ça. Et ça n'a pas dû être facile non plus de nous élever toute seule, sans aucune aide de papa. Tu te rappelles quand oncle Thierry est venu habiter chez nous ?

Oui, sa mère se rappelle.

— Et quand je t'ai dit qu'il me tripotait de façon obscène, que tu n'as pas hésité. Tu m'as crue. Et tu l'as immédiatement fichu dehors. Tu t'en souviens ?

Sa mère dit qu'effectivement elle ne l'a pas oublié.

— C'est pour ça que je t'appelle, conclut Denise. Pour te dire à quel point c'était important pour moi que tu me croies et que tu me protèges.

L'inconnu dans lequel il nous est demandé d'entrer c'est parfois notre vie elle-même. On démarre avec une idée de ce qui devrait nous arriver, et puis on se rend compte qu'on s'est trompé, mais on s'accroche à cette première idée parce qu'on ne sait pas quoi faire ou quoi penser d'autre. Lentement, la vie use nos résistances. Mais on s'accroche encore, par peur de l'inconnu. On refuse de voir ce qui pourrait se passer d'autre que ce qu'on a imaginé.

Arrêtez de croire à votre conception de la vie. Il est fort probable qu'elle soit erronée.

Ce dont il faut se défaire ce n'est pas toujours d'une personne ou d'une chose. Bien souvent c'est notre vision des choses – ce qui doit nous arriver, ce que nous devons ressentir – que nous devons abandonner pour entrer dans l'inconnu.

Entrer dans l'inconnu n'est pas seulement la seule chose à faire lorsque tout va mal. Les gens les plus heureux que je connaisse se réveillent chaque matin pleins d'émerveillement et de gratitude envers la vie – et prêts à se laisser culbuter dans l'inconnu.

« Je me donne des migraines chaque fois que j'essaye de contrôler les choses », m'a dit une amie.

Moi aussi. Je me suis longtemps rendue malade à force de vouloir tout régenter.

Renoncez à vos illusions une par une. Grognez. Renâclez. Pleurez. Criez. Souffrez. Faites le deuil.

Il est naturel d'espérer, de faire des projets, de rêver. Mais la vie se charge souvent de nous décevoir. Les événements ont leur façon à eux de se présenter, d'évoluer, de se dérouler. Même les bonnes choses de la vie ne se passent généralement pas comme nous le pensions.

Denise a trouvé le secret de son pouvoir lorsqu'elle a renoncé, vaincue par trop de souffrances. Tout le monde n'est pas confronté à autant d'épreuves. Certains chemins sont moins pénibles que celui de Denise ; d'autres le sont encore plus.

Lâcher prise ne veut pas dire renoncer à son pouvoir. Bien au contraire. Lâcher prise nous donne le pouvoir de choisir tranquillement la conduite à suivre.

Renoncer à ses idées sur ce que devrait être la vie
est un choix qui libère la magie de la vie.

2

Le murmure de l'ange

Albert ne pouvait ni aller de l'avant ni retourner en arrière. Il se sentait coincé dans une existence sans avenir où le présent ne lui apportait pas grand-chose.

Dix mois plus tôt, en rentrant de son travail, sa femme lui avait annoncé en le regardant droit dans les yeux qu'elle divorçait. Puis elle était partie.

Trois mois plus tard, il perdait son travail. Ce n'était pas l'emploi idéal mais il y tenait. Maintenant, c'était l'été. Il n'avait toujours aucune perspective d'embauche. Et son compte en banque fondait rapidement.

Que pouvait-il faire de lui-même ? Que diable allait-il devenir ?

Il enfila un maillot de bain et sauta dans la piscine.

« Quand retrouverai-je la joie de vivre ? » se demanda-t-il en nageant dans l'eau bleue. Alors une pensée s'insinua dans son esprit, comme un murmure : « Pourquoi pas maintenant ? »

Deux ans plus tard, Albert n'a plus le même souvenir de cette période où il ne comprenait pas ce qui lui arrivait. Il le décrit comme le début d'un nouveau cycle, le moment où a été semé ce qui devait germer plus tard, la réussite, l'amour. Il affirme que le plus important n'est pas d'avoir de l'argent, un travail, une nouvelle femme. Ce qu'Albert a appris d'essentiel ce jour-là c'est qu'il avait le droit de se détendre et même d'être heureux dans un moment de doute et d'incertitude.

Certes, on n'est pas heureux tout le temps quand on avance dans le noir. C'est désagréable et terrifiant de ne pas voir ce qu'il y a autour de soi et devant soi.

Je me suis bien souvent sentie abandonnée par Dieu, privée d'intuition, sans la moindre idée de ce que je devais faire. Tout ce que je tentais échouait. Et plus je faisais d'efforts plus j'avais l'impression de me tromper, plus la peur me paralysait.

Lorsque j'ai commencé à sauter en parachute, je me plaignais du vent. « Remercie-le d'être là, me dit mon instructeur. Tu en as besoin pour te soutenir. Il faut simplement apprendre à mouvoir ton corps en t'appuyant sur lui. Il est là pour ça, pour te permettre de voler. »

Avancez dans le noir. Même la peur est votre alliée. Avoir peur, c'est ressentir quelque chose. Se réveiller. En parachute, on s'appuie sur le vent. Dans la vie c'est souvent sur la confusion et la peur.

Parfois, il faut agir – peser contre ce qui résiste, l'air, la peur. Parfois, la pression extérieure modèle tranquillement ce que nous allons devenir. Ces moments où l'on ne se sent plus guidé, où l'on ne sait quoi faire peuvent être plus importants que ceux où l'on sait clairement comment agir.

Lorsqu'on se croit seul, lorsqu'on a peur, c'est la tête qui parle, pas le cœur. Cessez de croire que vous pouvez comprendre l'ensemble de la situation. Vous n'y arriverez pas tant que tout ne vous aura pas été révélé. Tenter l'impossible ne peut qu'aggraver la situation.

Concentrez-vous plutôt sur les petites choses qui sont possibles. Prenez un bain. Une douche. Sautez dans la piscine et nagez. Cessez de penser et détendez-vous. Si vous ne pouvez pas améliorer les choses – quelles qu'elles soient – vous pouvez au moins vous faire du bien, vous poser, vous relaxer.

La magie de la vie – donnez-lui le nom que vous voudrez – n'est pas une force à conquérir. Nous sommes naturellement connectés au flux des choses. En faisant simplement ce qu'on peut faire – même si cela n'a aucun rapport avec le problème du moment – on retrouve la magie de la vie.

Lorsque tout nous semble impossible,
choisir de faire ce qui est possible
c'est se donner un pouvoir énorme.

3

L'indécise

Jane se retourna dans le lit, le plus loin possible de lui. Cela faisait plusieurs mois qu'ils ne se touchaient pratiquement plus. Leur relation était dans une mauvaise passe. Il ne s'en rendait pas compte. Il disait qu'il serait heureux de continuer comme ça jusqu'à la fin de ses jours. Et elle savait que c'était vrai.

Mais est-ce que cela lui conviendrait à elle ?

Franchement, elle n'en savait rien.

Elle appréciait la sécurité. Elle savait à l'avance ce qu'il allait se passer, jour après jour. Mais cette sécurité prenait parfois des allures de piège.

Ils n'avaient pas d'enfants ensemble. Elle ne voyait aucune raison importante de rester avec lui. Mais il ne la maltraitait pas. Il était plutôt gentil avec elle. Leur relation n'était pas dysfonctionnelle. Il n'y avait aucune urgence à le quitter.

Elle n'était pas amoureuse et elle le savait, mais cela valait peut-être mieux. Que lui avait-on dit récemment ? « Évite de vivre avec quelqu'un dont tu es amoureuse. Sinon tu vas souffrir. »

Chaque fois qu'elle envisageait de le quitter, elle était triste. Effrayée. Faute d'être idéale, leur relation était amicale. Ils avaient eu de bons moments ensemble. Et au moins elle n'était pas seule.

Jane fit le meilleur choix possible étant donné les circonstances.

— On était ensemble depuis un an et demi. Ça avait bien marché pendant un an. Depuis six mois, je ne m'y retrouvais plus. J'ai décidé, par égard pour lui et pour moi, de nous laisser encore six mois. J'avais du mal à vivre sans savoir où j'allais. Mais le plus effrayant c'était de me réveiller et de découvrir que j'avais des besoins et des désirs non satisfaits.

« J'avais peur de vouloir – surtout de vouloir quelque chose que je n'avais pas et que je n'étais pas sûre de pouvoir obtenir.

Parfois, l'espace inconnu dans lequel il nous est demandé d'entrer est en nous, c'est ce que nous ignorons encore de nous-mêmes.

4

Il a vu la lumière

John fixait l'écran, attentif à la succession des bips signalant les battements de son cœur. Les médecins l'avaient « perdu » pendant quelques minutes, lui avaient-ils dit.

Pourtant, John ne se sentait plus aussi perdu qu'avant.

Il avait vu la lumière.

Seul dans sa chambre d'hôpital, il regarda le téléphone, se demandant s'il devait appeler Monica. D'après les médecins, il n'avait peut-être plus que cinq ans à vivre. C'est pour ménager Monica qu'il avait refusé de s'engager.

Après dix-huit ans de mariage, dix-huit ans où il s'était tué au travail pour entretenir sa femme, celle-ci avait demandé le divorce, disant : « J'ai besoin de me trouver moi-même. En plus, tu travailles tout le temps.

— C'est vraiment ce que tu veux ? » lui avait-il demandé.

Et quand elle avait répondu oui, il était parti.

Il avait gardé le sourire, prenant apparemment les choses du bon côté. Mais il avait cruellement souffert.

Deux ans plus tard, il rencontrait Monica, femme douce, patiente et tendre. Mais il savait qu'elle attendait de lui plus qu'il ne pouvait donner. Au début elle ne dit rien, lui laissant le champ libre. Un jour elle lui mit le marché en main : « Ou tu t'investis avec moi ou je te quitte. »

Ça ne serait pas la première fois qu'on le quitterait. Autant en finir tout de suite. Il aurait au moins l'impression d'être celui qui décide.

Il voulut s'asseoir. Le moniteur se mit à biper furieusement. Il se recoucha. Décrocha le téléphone. Le plus dur à admettre c'est qu'il avait besoin de Monica. Il lui raconta ce qui s'était passé – qu'il avait eu une crise cardiaque. Monica vint le voir à l'hôpital. Il lui dit qu'il voulait la revoir. Cette fois, il était prêt à s'investir.

Elle le regarda. Il soutint son regard.

— Je ne te crois pas, dit-elle. Tu as seulement peur de te retrouver seul parce que tu es malade.

Quelques semaines plus tard, John sortit de l'hôpital. Il changea quelque peu ses habitudes alimentaires et se remit à appeler Monica. Elle répondit qu'elle était contente de l'entendre, de savoir qu'il allait mieux, mais qu'elle ne voulait pas souffrir une deuxième fois.

La semaine suivante, John sonna à sa porte. Il lui tendit un petit paquet. Elle l'ouvrit. Regarda ce qu'il contenait. Un diamant monté en bague.

— Je t'aime, lui dit John. S'il te plaît... laisse-nous une chance.

Deux mois plus tard ils se mariaient. Une cérémonie toute simple. Monica avait des fleurs dans les cheveux, John portait un costume neuf. Au moment de dire « Oui », elle pleura.

John vécut dès lors dans la joie et l'amour. Ils prirent des vacances. Ils passèrent des soirées chez eux devant la télévision – comme tout le monde.

Le médecin s'était trompé. Il ne restait pas à John cinq ans à vivre. Il lui en restait trois.

Il mourut subitement. Monica était dans la cuisine, en train de faire le dîner. Lorsqu'elle vint le chercher pour se mettre à table, il était parti.

— Son expérience de proximité de la mort avait été complètement transformée, raconte Monica. Les petites choses qui l'agaçaient avant et le mettaient de mauvaise humeur ne l'affectaient plus du tout. Nous étions tellement heureux. Mais je ne regrette rien – malgré la douleur de l'avoir perdu.

John n'est plus là pour terminer son histoire, mais il dirait probablement qu'on a raison de faire un pas dans l'inconnu et de choisir d'aimer – même si l'amour peut faire souffrir. Il avait vu la lumière. Il savait que jamais aimer ne pourrait être plus douloureux que ne pas aimer.

Je fus prise au dépourvu car je ne m'y attendais pas. J'étais chez ma mère, assise à la table de la cuisine, et je triais un tas de photos. L'une d'elles représentait mon petit-fils, Julian, premier-né de ma fille Nicole.

Je regardai la photo. Quelque chose se passa dans mon cœur.

« Mon Dieu, pensai-je. Quand est-ce arrivé ? J'ai dû baisser ma garde. Quelqu'un en a profité. »

Je ressentais de l'amour.

C'est incroyable ce qu'on peut faire pour se protéger, se durcir, garder le contrôle. Vous n'imaginez pas quel courage il vous a fallu pour vivre tout ce que vous avez enduré. Il faut parfois se fermer, très profondément, juste pour survivre.

Ne fais confiance à personne. Sois fort(e). Si tu te laisses aller, tu vas souffrir. Être déçu(e). Ne prends aucun risque. Contrôle-toi.

Il arrive qu'on se protège un tout petit peu trop.

« Melody, tu es tellement courageuse lorsqu'il s'agit de sauter d'un avion ou de t'aventurer en pays étranger. Pourquoi as-tu tellement peur de t'ouvrir aux autres ? » me demanda un jour un ami.

Je réfléchis. Sans doute parce qu'en sautant d'un avion je risque tout au plus de m'écraser au sol. Mais en m'ouvrant à quelqu'un d'autre, je risque d'avoir le cœur brisé. Une fois de plus.

Très tôt, j'ai compris que personne ne pouvait me rendre triste ou heureuse. J'étais seule responsable de mes états. Mais le problème c'est que, si l'amour, les relations, les autres ne peuvent pas faire notre bonheur, ils y contribuent.

Oui, certaines relations ne peuvent être que désastreuses, du début à la fin. C'est du moins ce qu'on découvre après coup. Bien des expériences amoureuses ne se passent pas comme on l'espérait. Et il existe des drogués de l'amour – qui tombent amoureux tous les trois jours. Mais ce n'est pas une raison pour se priver de l'une des plus grandes joies de la vie.

J'ai reçu un jour une lettre, une lettre écrite par une femme qui avait perdu son fils à l'âge de quatorze ans. Pour célébrer ce qui aurait été son vingt-deuxième anniversaire cette femme évoque le souvenir de choses qu'il a vécues. Elle dit combien elle a été heureuse de le voir faire du skateboard, résoudre ses problèmes et même se disputer avec elle sur certains sujets. Elle parle de la souffrance, des tourments que lui a causés son premier amour. Et elle termine sa lettre par ces mots : « Mais ma plus grande joie c'est de savoir que la dernière année de sa vie, il a connu le bonheur de tomber amoureux. »

Vous pourriez peut-être abaisser votre garde, juste un peu. Si c'est trop difficile, demandez à Dieu de vous prendre par la main et de vous aider. Se laisser toucher par quelqu'un – qu'il s'agisse d'un parent, d'un ami, d'un amant –, ouvrir son cœur est un gros risque, mais un choix à faire.

Certes, il est important de s'aimer soi-même. Mais bon. Au bout d'un moment, cela devient lassant.

Prenez un risque.
Laissez-vous aller à aimer quelqu'un d'autre.

5

Elle a cessé de fuir

Jamie se leva à l'aube, fit du café, sortit de la maison et ramassa le journal. Elle ne savait toujours pas pourquoi il avait éprouvé le besoin de se confesser.

Elle vivait avec cet homme depuis cinq ans. Pendant qu'il parlait, lui avouant bien plus qu'elle ne désirait en savoir sur ses agissements passés, elle n'arrêtait pas de penser : « Tais-toi. Arrête de parler. Ne me dis pas tout ça. Ta conduite me dégoûte. »

Elle le lui avait dit mais plus tard. Après avoir passé une semaine sous tranquillisants, complètement sonnée.

Leur relation semblait pourtant si différente de ce qu'elle avait connu avant lui. Il avait l'air gentil. En plus, elle l'avait rencontré à l'église. Sa réaction habituelle aurait été de fuir. De mettre cet homme à la porte avec toutes ses affaires. Mais elle ne l'avait pas fait. Simplement, elle ne dormait plus avec lui. Elle s'était installée dans l'autre chambre. Avait insisté pour qu'il entreprenne une thérapie. Quelque part, elle était curieuse. Pourquoi était-ce arrivé ? Qu'est-ce que cette situation pouvait lui apprendre sur elle-même ?

Elle-même n'avait pas entrepris de thérapie, mais certaines choses avaient commencé à remonter à la surface. L'enterrement de son père quand elle avait cinq ans. Sa mère qui lui avait fourré un cachet dans la bouche en disant : « Tiens, un calmant, ça va t'aider. Inutile que tu souffres. »

Elle ne restait pas avec cet homme par peur de se retrouver seule ou parce qu'elle avait besoin de son argent. Elle avait un métier.

Une vie à elle. Des occupations qui lui plaisaient. C'était une femme indépendante, complètement.

Elle restait parce que pour la première fois de sa vie elle voulait aller jusqu'au bout de ce qui lui arrivait au lieu de fuir. Et pour la première fois de sa vie elle était sûre de savoir quand elle en aurait tiré suffisamment d'enseignements.

Depuis cette décision, certaines petites choses l'avaient aidée à progresser – rencontrer la bonne personne au bon moment, se faire dire exactement ce qu'elle avait besoin d'entendre.

Jamie avait l'impression que vivre comme ça – en laissant avec confiance advenir ce qui devait advenir – ressemblait fort à ce que certains de ses amis appelaient « renoncer à sa volonté propre, s'en remettre à Dieu ».

Après la confession de son compagnon, elle avait cherché sur Internet et trouvé des interlocuteurs, des gens qui avaient eu le même problème qu'elle et qui l'aidaient à s'en sortir. Une femme tenait même une chronique régulière. Et curieusement, Jamie avait eu une sorte d'intuition.

« Je vais bientôt rencontrer cette femme. Elle va venir ici. »

Le même jour, en prenant de l'essence, elle avait fait un tour dans la boutique de la station-service. Sans savoir pourquoi elle s'était sentie attirée vers le rayon confiserie. C'était idiot, mais une boîte avait attiré son attention. Sur le paquet, une lettre manquait, au lieu de *Melody's Pops*, on lisait *Melody's Pop*.

Jamie se plongea dans le journal en sirotant son café. Sans raison particulière, elle se mit à lire la chronique nécrologique. Ce n'était pas dans ses habitudes. Mais ce jour-là elle n'en sauta pas une ligne. Une annonce, en particulier, retint son attention. Elle ne connaissait pas le nom du défunt, mais n'en continua pas moins de la lire. Mon Dieu, se dit-elle soudain. Melody Beattie est actuellement en tournée, et son père vient de mourir.

J'étais dans une chambre d'hôtel, à Washington. C'était un drôle de moment pour voyager – juste après le 11 septembre 2001 et l'attaque du World Trade Center. J'étais fatiguée. L'emploi du temps de ma tournée était bien rempli. « Si je dois rester loin de chez moi, autant être occupée », avais-je dit.

Comme cela arrive souvent, les gens qui m'accueillaient à Washington m'avaient réservé une chambre d'hôtel mais sans connexion téléphonique longue distance. Ils se protégeaient ainsi contre d'éventuels auteurs qui, désœuvrés, auraient eu une crise de téléphonite aiguë pendant la nuit. J'étais donc limitée aux appels locaux. Je n'avais prévenu personne de mon itinéraire. Jusqu'à mon départ de Californie, il était resté imprécis. C'est souvent le cas quand on est en tournée. J'avais appris à me laisser porter par le courant.

Et je n'avais pas emporté mon téléphone cellulaire – si bien que j'étais injoignable. Mais j'avais mon ordinateur portable. J'essayai d'interroger ma messagerie, ce matin-là mais mon serveur ne marchait pas correctement. Il laissa pourtant passer un message avant d'interrompre la connexion.

Hum. Le message venait de Jamie.

« Melody, écrivait-elle, j'ai été navrée d'apprendre votre deuil. »

Mon père nous avait quittés quand j'avais trois ans. Par la suite, je l'avais très peu vu. Sa famille ne savait pas exactement comment me contacter, c'est pourquoi ils avaient mentionné mon nom dans l'avis de décès. Ils espéraient que quelqu'un me préviendrait.

J'eus tout juste le temps de modifier mon programme et, avec tous ces vols annulés et tous ces avions pleins, d'arriver à temps pour l'enterrement.

Ce fut une cérémonie sans histoire. Mon demi-frère prononça quelques mots. « Personne ne peut nier que papa ait eu ses problèmes, dit-il. Mais aujourd'hui, souvenons-nous uniquement de ce qu'il a fait de bien, de ce que sa vie a apporté à chacun d'entre nous. »

« La première fois qu'on m'a parlé d'abandon à la volonté divine, j'ai cru qu'il fallait que je me fasse missionnaire en Afrique ou quelque chose comme ça, dit Jamie. Je ne voulais pas. Je trouvais ça horrible comme idée. Et puis j'ai compris qu'il s'agissait de tout autre chose. Quelque chose de plus difficile, au début – vivre et m'ouvrir aux expériences que m'apportait la vie. Laisser ces expériences se dérouler, confiante dans le fait qu'un dessein supérieur était à l'œuvre, même lorsque je souffrais.

« Le plus drôle c'est que maintenant, après avoir appris ce que veut dire s'en remettre à une puissance supérieure, je partirais volontiers en Afrique. Cette notion de spiritualité n'a rien à voir avec ce que je croyais. Dans ma famille, on m'a toujours conseillé d'éviter de souffrir à tout prix. Ce que j'ai appris c'est que la souffrance est un cadeau de l'univers pour nous aider à voir la vie autrement. »

Lorsque Jamie arrêta de fuir et entra dans l'inconnu, elle se découvrit elle-même et elle découvrit Dieu.

Il arrive que la vie nous fasse tomber une brique sur la tête pour attirer notre attention. Vivre plus consciemment est un choix.

Lorsqu'on se fie à ce que l'on apprend – même sans le comprendre –, les mystères de la vie se révèlent.

6

Il y avait un monstre dans sa chambre

Ce jour-là encore, Maria fut réveillée par ses ronflements. Elle se força à sortir du lit. Comme tous les matins, elle s'interrogeait : il ronfle de plus en plus, est-ce que cela veut dire que sa maladie s'aggrave ? Est-ce qu'il va mourir bientôt ? Combien de temps dois-je encore patienter avant d'être enfin libre ? Se lever le matin c'était comme s'enfermer dans un placard, sombre, exigu. Sa marge de manœuvre était plus qu'étroite.

Elle se versa une tasse de café et ouvrit le journal. Bientôt il allait se mettre à tousser et descendrait péniblement jusqu'à la cuisine. Là, selon son humeur, soit il jetterait un objet quelconque à travers la pièce, soit il l'insulterait.

Et s'il se réveillait de mauvaise humeur, elle aurait droit aux deux.

Maria savait déjà comment allait se dérouler la journée. Elle pouvait prédire à peu près tout ce qui l'attendait. Il allait crier au déjeuner, au dîner aussi. Si elle passait trop de temps au téléphone, il lui arracherait le combiné des mains. Elle ferait la lessive, surveillerait l'heure. À huit heures, il boirait deux verres, puis irait se coucher. Elle aurait trois ou quatre heures pour faire ce qu'elle voulait. Elle se forçait parfois à rester éveillée plus longtemps, mais elle avait besoin de sommeil. Et elle n'avait pas le droit de se lever plus tard que lui.

Ce n'était pas la vie dont elle avait rêvé. D'ailleurs, elle ne se souvenait même plus de ses rêves. Mari. Enfants. Amour ? Mais au moins sa vie était prévisible, donc sûre. Et c'est ce qui comptait. Elle savait exactement à quoi s'attendre, elle était forte.

Elle pouvait faire face.

La peur était un sentiment tellement habituel qu'elle n'en était plus consciente.

Il n'y avait aucune raison pour que ce matin-là soit différent des autres. C'était peut-être l'émission qu'elle regardait tous les après-midi – quand il le permettait – qui commençait à l'influencer. Un peu de lumière dans sa nuit. Les mots de l'article qu'elle était en train de lire se brouillèrent.

Ce n'est pas seulement sa mort que j'attends. C'est aussi la mienne.

Maria attrapa l'annuaire, s'enferma dans la salle de bains et appela à l'aide. Ce qu'elle avait compris ce matin-là lui avait fait horreur. Il y avait un monstre dans sa chambre. Si elle ne réagissait pas rapidement, elle n'aurait plus de vie.

Quelques jours plus tard, alors qu'elle était censée aller faire des courses, elle se rendit à son premier rendez-vous chez un thérapeute. Le monstre crut qu'elle avait simplement été retenue à l'épicerie. Ha, ha !

Elle entreprit de raconter ses sentiments, son enfance, sa vie présente, mettant au jour et en pleine lumière tout ce qu'elle cachait. Elle comprit peu à peu qu'il n'était pas monstrueux à ses yeux seulement – il l'était effectivement. Elle admit que, si elle était malheureuse, elle pouvait le quitter. Et elle trouva un travail. Pas très bien payé, mais suffisamment. Puis elle s'acheta une voiture. Puis elle loua un appartement.

Chaque pas qu'elle faisait dans l'inconnu la menait doucement vers une nouvelle vie. Au début, elle fut désorientée, mal à l'aise. Mais maintenant, Maria vous dirait que, si elle a pu le faire, tout le monde en est capable. Elle avait soixante et onze ans le jour où, découvrant un monstre dans sa chambre, elle avait décidé d'affronter l'inconnu.

Je discutais avec un groupe de gens à Syracuse, État de New York, lorsqu'une femme leva la main. « Quelles sont exactement les règles quand on se prend en charge ? demanda-t-elle. C'est un jeu nouveau pour moi et je patauge un petit peu. »

Je commençai à lui répondre – bla-bla-bla-bla – puis je m'arrêtai net. Elle avait failli m'avoir.

Qu'on apprenne à se libérer d'un partenaire, de l'alcool, ou d'une drogue, à s'occuper d'enfants, à vivre en couple ou à jouer du piano, les débuts sont toujours difficiles.

On voit les autres faire avec aisance quelque chose qu'on est persuadé de ne jamais réussir. En plus, ils ont souvent leur jargon propre – des façons sibyllines de parler de ce qu'ils font. Et ce jargon prend parfois des allures de langue étrangère.

« Je n'y arriverai jamais. Et je n'ai pas la moindre idée de ce qu'ils racontent. »

Aussi pénible que soit le rôle de débutant, il est essentiel. Essayer, se tromper, être maladroit et ignorant, rater, râler et essayer encore, voilà comment on apprend. On se sert de muscles qu'on n'a encore jamais utilisés, que ces muscles soient physiques, mentaux, spirituels, émotionnels – ou hybrides.

Comme un jeune poulain qui doit se lever et marcher, nous avons besoin de temps pour développer la mémoire musculaire nécessaire à notre apprentissage.

Posez des questions ; sondez les connaissances des autres. Ils peuvent vous fournir des indices. Ils peuvent vous aider, vous encourager, vous donner leur avis. L'amour, le soutien, les conseils d'un guide expérimenté peuvent être extrêmement précieux. Mais rien ne remplace les tâtonnements, la maladresse de nos premiers pas sur la voie qui mène à la maîtrise d'un nouveau savoir.

Il est possible de changer sa vie du tout au tout
en décidant simplement d'être ouvert à la nouveauté.

7

Elle a apprécié

Ce n'était qu'un week-end. Pas de quoi paniquer. Mais elle souffrait d'être seule.

Quatre ou cinq mois plus tôt, Kelly avait mis fin à sa dernière liaison. Elle sortait avec ce garçon depuis un an et demi. Sans être terriblement amoureuse de lui, elle appréciait sa présence. Il était prévisible. Rassurant.

Depuis leur rupture, elle s'était parfois laissé draguer, mais il n'en était rien sorti d'intéressant. Tout excitée lors du premier rendez-vous, elle déchantait rapidement. Malgré elle, elle avait commencé à refuser de sortir. Pas par amour de la solitude. Parce que la vie lui avait appris trop de choses ces dernières années.

Il n'y avait personne dans sa vie qui corresponde à ce qu'elle voulait. Et elle en avait assez de s'accrocher à n'importe qui pour ne pas être seule. Jusqu'à ce week-end.

Elle contemplait le téléphone, attendant qu'il sonne.

Elle sortit son carnet d'adresses. Il y avait des gens qu'elle pouvait appeler. Notamment quelques « ex » toujours disponibles, toujours à l'affût. Était-ce cela qu'elle voulait ? Non, non et non. Elle imaginait aisément ce qui se passerait avec chacun.

« Je ne suis pas une victime, se dit-elle en voyant s'étirer la soirée du vendredi. J'ai le choix. »

Mais elle se sentait dans un état bizarre. Rien envie de faire. Et même si elle avait le choix, qu'y avait-il à choisir ?

Elle appela quelques amis pour leur proposer de venir voir un film chez elle. Elle n'en trouva aucun, ils devaient tous être sortis. Ou alors ils ne répondaient pas à son appel.

« Très bien, se dit-elle, je vais regarder un film toute seule. » Ce qu'elle fit. Mais en se réveillant, le samedi, elle avait toujours cette étrange sensation de vide.

« Pourquoi est-ce que personne ne m'appelle ? Au moins, si un ex-petit ami m'invitait à sortir ce soir, je pourrais l'envoyer promener. Comme ça j'aurais l'impression d'avoir eu le choix. »

Le téléphone ne sonnait pas.

Le vide l'assourdissait, lui. Il résonnait comme une cloche. « Pourquoi est-ce que tout va mal ? Pourquoi est-ce que je n'arrive pas à avoir envie de quelque chose ? »

Il n'y avait aucune raison particulière pour qu'elle prenne conscience au moment où elle le fit.

« Depuis des années je répète que j'ai envie de passer à un autre niveau. Dans ma vie. Dans mes relations. En amour. Mais je ne m'arrête jamais assez longtemps pour qu'il se passe quelque chose de neuf, se dit Kelly en contemplant son décor familier. Je me raccroche toujours à quelque chose pour éviter d'être seule, face à face avec moi-même. »

Le téléphone ne sonnait toujours pas. Kelly ne savait toujours pas quoi faire. Mais elle commençait à se détendre. « Pas étonnant que j'ai cette sensation d'étrangeté, pensa-t-elle. Je me risque enfin en territoire inconnu. Je me retrouve dans le vide. »

« Je suis impatiente de voir ce qui va advenir, se dit-elle le dimanche soir. J'apprends quelque chose de nouveau. »

La grotte obscure de l'inconnu peut être effrayante. Mais si l'on choisit d'avouer « je ne sais pas » – de se l'avouer à soi-même, au moins – on la transforme en un endroit magique. On ne voit pas toujours la transformation se produire. C'est rétrospectivement qu'on mesure l'importance de ce moment-là.

Certaines personnes ne se trouveront dans cette grotte qu'un petit nombre de fois. D'autres y retourneront plus souvent. On peut y pénétrer parce qu'on n'a nulle part où aller. On peut s'y retrouver brusquement sans savoir comment. Il arrive qu'on croie apprendre une chose et qu'on réalise soudain qu'on en a appris d'autres.

Pendant le processus d'apprentissage, on ne sait généralement pas où on va. Cela peut être extrêmement douloureux, ressembler à une grosse erreur. Mais prendre la décision de s'avancer en territoire inconnu – même si on hurle et se débat pendant tout le trajet – c'est entreprendre une transformation.

Entrer dans l'inconnu, cela peut être se marier, divorcer, commencer une relation, poursuivre une relation pour résoudre certains problèmes ou accepter de rester seul. C'est parfois simplement reconnaître qu'on ne sait plus quoi faire et demander de l'aide à un ami, un thérapeute ou à la puissance suprême.

S'aventurer dans l'inconnu implique des efforts. Mais certains ont découvert cette autre vérité : Dieu fera pour nous ce que nous ne pouvons pas faire. La magie se trouve à mi-chemin entre ces deux vérités.

L'inconnu peut être désagréable, effrayant. Il n'offre pas la moindre garantie. Mais si l'existence nous semble trop confortable, trop familière, c'est que nous n'innovons pas. Chaque leçon de la vie nous projette en *terra incognita* – naissance d'un enfant, maladie, changement de métier, départ des enfants devenus grands, morts d'un être cher, désintoxication, etc.

Cultivez votre faculté d'émerveillement en ne prévoyant rien, en n'ayant aucun préjugé sur ce qui doit être. Il n'est pas nécessaire de souffrir ou d'avoir des problèmes pour choisir le vide et découvrir la magie, le mystère de la vie. On peut le faire tous les matins en se réveillant et en vivant avec humilité, l'esprit ouvert, le cœur disponible.

Quand vous ne savez ni sur quoi vous marchez, ni où vous conduisent vos pas, avancez prudemment. Aussi sûrement qu'il est sombre et effrayant, l'endroit où vous vous trouvez contient de la magie. Lorsque vous acceptez de laisser tomber vos préjugés, sur ce qu'est la vie, ce qu'elle doit être, ce qu'elle sera toujours et sur ce qui va arriver, vous pénétrez dans le vide, le mystère, le lieu où toute création commence.

Marchez lentement jusqu'à voir la lumière
car vous la verrez.
Et puis préparez-vous.
Nous avons une montagne à escalader.

Troisième partie

LA ROUE TOURNE

« Les gens parlent volontiers du karma, dit Joe, mais s'intéressent beaucoup moins au dharma – les leçons de la vie, les occasions de mettre en pratique ce qu'elle nous apprend. Et la roue du dharma continue à tourner, inlassablement, nous broyant comme des grains de sable, jusqu'à ce que la leçon soit comprise – quel qu'en soit le sujet. »

Il est 4 h 30, l'heure de mettre le sac au dos et de se diriger vers la montagne sacrée numéro un. Marchant dans les rues tranquilles de Putuoshan, nous entendons s'éveiller l'île.

Après avoir dépassé le temple de la Méditation, voisin de l'hôtel, nous prenons à gauche le sentier qui conduit à la montagne.

Je ne sais pas ce qui m'attend.

L'alpinisme n'est pas mon fort.

Bientôt, nous commençons à gravir des marches en béton.

— Et voilà, explique Joe. C'est comme ça qu'on accède aux lieux sacrés, en Chine. Par des escaliers.

— On est loin du sommet ?

— Ne commence pas, Melody. On le saura quand on y arrivera. L'escalier n'ira pas plus haut et on ne pourra que redescendre.

J'ai lu dans le guide que le sommet de Putuoshan se trouve à trois cents mètres d'altitude. Mais devant ces marches, toutes ces marches, la notion d'altitude n'a plus de sens. J'ai mal au genou. J'en ai marre de la soupe aux nouilles. J'ai envie de pain grillé. De beurre. D'œufs. De gras – à l'américaine. Mais je suis là et bien décidée à atteindre le sommet, malgré cette douleur permanente dans le genou.

C'est la plus facile des montagnes que nous prévoyons d'escalader. Peu d'altitude et donc une montée assez courte. Je ne connais rien à l'altitude. Je sais seulement que plus on monte plus l'air se raréfie. Dans un endroit comme Denver, j'ai parfois des maux de tête. Et quand je saute en parachute de 12 500 pieds, j'ai des difficultés à respirer. Mais je n'ai rien d'une alpiniste. Ma démarche présente est purement spirituelle.

Joe, par contre, est un sportif. « Yuppie », comme il se qualifie lui-même, bien plus jeune que moi, il est là pour vaincre des sommets et repérer le terrain. Curieux tandem que le nôtre. Mais nous espérons que nos différences vont s'accorder le temps du voyage.

Je grimpe, il grimpe, nous grimpons sans relâche. Certaines marches sont étroites et raides, d'autres larges et peu élevées.

Au début, je ne pense qu'à une chose, arriver au bout. Si j'évite de plier la jambe, j'ai moins mal. Marche après marche, mes efforts commencent à me fatiguer. Je m'essouffle.

« Dépêche-toi de faire ci. Dépêche-toi de faire ça. Dépêche-toi d'arriver en haut. Est-ce que je vais y arriver ou pas ? » Je me rends compte que je suis toujours un pas en avant de moi-même et inquiète de savoir où je vais aller ensuite. « Ralentis. Relaxe. Sois présente à chaque pas que tu fais. Ce n'est pas de monter ces escaliers qui te fatigue. Ce qui te fatigue c'est de te laisser diriger par l'urgence et la peur. De ne pas rester présente à ce que tu fais. »

À tout moment, il y a quelque chose à apprendre. Peur. Culpabilité. Mort. Relations. Pouvoir. Argent. Pardon. Compassion. Ces leçons ne doivent rien au hasard. Dans un de ses livres, Élisabeth Kübler-Ross les appelle « la roue de la vie. »

Les leçons que nous donne la vie sont parfois individuelles. Elles sont vécues par une seule personne, mais il suffit de regarder autour de soi, d'étudier les statistiques, pour constater que beaucoup de gens y sont confrontés au cours de leur vie. Si ces expériences nous transforment, si notre conscience s'élargit, c'est aussi le cas de ceux qui ont vécu les mêmes difficultés avant nous et de ceux qui les vivront après. On se croit toujours seul à traverser les épreuves, mais c'est une illusion.

On n'est pas seul.

Parfois, les leçons sont plus générales. Un événement, un problème concernent un groupe de gens ou un individu assez important dans un pays pour que cela affecte la conscience collective. Les hommes pensent, sentent et cherchent leurs valeurs ensemble, en tant qu'individus et en tant que groupes. Et il est inutile d'aller très loin pour trouver des gens qui vivent ce que nous vivons. Ils sont tout autour de nous. À portée de la main.

Beaucoup de gens sont confrontés à des problèmes de dépendance, à une personne, une drogue ou toute autre chose. La leçon a apprendre est alors la notion de service, la nécessité de donner et de recevoir et l'importance des deux. D'autres situations nous enseignent les valeurs universelles que sont la tolérance et la foi.

Certains d'entre nous ont plus d'occasions d'apprendre que les autres. L'ennui c'est qu'on n'a pas forcément envie de passer par les épreuves que l'on voit se profiler à l'horizon. On se méfie de ce qui nous attend et on aimerait mieux que la roue qui nous broie comme un grain de sable s'arrête de tourner.

L'idée que la vie nous donne des leçons n'est pas nouvelle. Souvenez-vous de Job dans l'Ancien Testament. Les gens voyaient en lui un juste. Pourtant, lorsqu'il perd tout ce qu'il possède, ses amis le montrent du doigt en disant : « Tu dois avoir fait quelque chose de terrible pour mériter ça. »

Job s'emporte contre Dieu.

Mais il finit par apprendre – colère, acceptation, lâcher-prise et surtout pardon – et, lorsqu'il a compris les leçons envoyées par Dieu, la grande roue broyeuse a tourné.

Sur ma montagne, je ralentis et il me semble que ma vision s'élargit. D'autres pèlerins montent vers le sanctuaire. Sur les pentes paissent des chèvres. Les ombres de la forêt de bambou dessinent sur les marches une dentelle complexe. Si j'ai soif, une source apparaît au bord du chemin. Si je suis fatiguée, il se trouve un endroit où me reposer.

Joe et moi arrivons en haut de l'escalier. Nous visitons le temple. Puis nous en faisons le tour, pénétrant dans des petites cellules taillées à même la roche. La plupart sont vides. Dans l'une d'elles, un moine médite et prie. Il s'interrompt en nous voyant passer et nous fait signe d'entrer.

Nous nous asseyons.

Il m'offre un bâton d'encens à allumer et à placer sur l'autel. Ce que je fais.

C'est agréable de se trouver au sommet de cette montagne – pendant une minute. Mais il faut encore redescendre. Pendant le trajet de retour, je note que des gens se sont installés près des sources. Ils vendent l'eau qui était gratuite tout à l'heure. Tous nos besoins seront satisfaits, mais des petits malins se sont arrangés pour en tirer profit.

Cela me fait rire.

Ralentir. Respirer. Faire des choix. Prendre des risques. On n'échappe pas aux expériences. Prenons notre place sur la roue de la vie.

Tâchons de vivre sans précipitation, sans angoisse. La magie n'est pas ailleurs ni pour demain. La magie est dans l'instant et dans les détails exacts de la situation que vous êtes en train de vivre en ce moment même.

Les histoires de cette troisième partie seront l'illustration de ce qu'ont vécu certaines personnes, des choix qu'elles ont faits pour aider la roue à tourner. Au lieu de vous demander : Pourquoi cela m'arrive-t-il à moi ?, demandez-vous : Où en suis-je, qu'est-ce que je ressens, qu'est-ce que je peux apprendre là, maintenant ? Le secret c'est d'accueillir avec reconnaissance tout – absolument tout – ce qui se trouve sur votre chemin, que vous *ressentiez* cette reconnaissance ou pas.

1

Garde de nuit

Marlène passa la porte de l'hôpital et prit l'ascenseur jusqu'au septième étage. Elle espérait que sa garde se passerait sans histoire, cette nuit-là. Elle reprenait le travail après trois jours de repos. Elle préférait que ses malades – dont certains étaient au stade terminal – s'agitent et souffrent le moins possible.

Elle parcourut un labyrinthe de couloirs pour arriver dans son service. Grrrrr. Bonnie. Par chance, elle allait partir. Marlène la détestait. Le simple fait de la croiser entre deux gardes l'irritait.

Marlène se mordit les lèvres lorsque Bonnie lui fit ses commentaires sur l'état des patients. « La 212 recommence à geindre. Elle trouve toujours une bonne raison de se plaindre. Tu la connais. C'est sans doute un truc pour avoir plus d'analgésiques. La 209 a renvoyé son dîner sans y toucher. Immangeable, selon elle. Où est-ce qu'elle se croit ? Au Ritz ou quoi ? »

Marlène avait envie de dire : Ce ne sont pas des numéros mais des gens. Ils ont des noms. Elle se mordait si fort les lèvres pour ne rien dire qu'elle commençait à avoir mal.

« Tais-toi, Marlène, se dit-elle. Ne provoque pas de dispute. C'est une collègue, que tu le veuilles ou non. »

« Comment va Mme Amison ? » demanda Marlène. C'était une de ces patientes qui ne quitteraient pas l'hôpital comme elle y était entrée. Elle souffrait d'une maladie neurologique au stade terminal. Il ne lui restait, au mieux, qu'une semaine ou deux à vivre.

— Oh, la 205 ? Elle est en réanimation. Ça ne m'étonnerait pas qu'elle parte ce soir.

— Et qu'est-ce que tu fais pour elle ? demanda Marlène.

— Elle est en train de mourir. Il n'y a rien à faire, répondit Bonnie.

Marlène regarda autour d'elle. Lorraine, l'aide soignante, venait de prendre son service.

— Tu peux m'aider un moment ? lui demanda Marlène.

Lorraine acquiesça.

— Au fait, la 205 demande après toi depuis quelques jours, dit Bonnie.

Sans un regard, Marlène répondit brièvement :

— Merci.

« Un de ces jours cette bonne femme va me faire craquer. Je vais exploser, lui voler dans les plumes et probablement me faire virer. »

Le regard de Mme Amison s'éclaira – juste une seconde – lorsqu'elle vit Marlène entrer dans sa chambre. Marlène tira délicatement ses couvertures de façon à lui couvrir les pieds. Elle arrangea ses oreillers. Elle vérifia la perfusion et autres détails techniques. Mais, surtout, elle s'assit à son chevet et lui prit la main.

Lorraine l'observait tout en l'aidant à s'occuper de Mme Amison. La malade avait l'air de souffrir énormément. Ce qui différenciait Marlène des autres infirmières c'est qu'elle n'avait pas peur de regarder les mourants dans les yeux. Elle n'avait pas peur non plus de les traiter avec respect et gentillesse. Pour Marlène, les mourants étaient des gens à part entière, à chaque seconde de leur vie.

Lorraine se sentait encore mal à l'aise face à la mort. Parfois elle avait même très peur.

Mme Amison mourut une heure plus tard. Comme si elle avait attendu Marlène pour lui dire adieu. Celle-ci était restée à son chevet jusqu'au bout.

« Elle ne voulait peut-être pas être seule au moment de partir », se dit Marlène.

Elle n'avait pas l'impression d'être quelqu'un d'extraordinaire. Mais Lorraine et Mme Amison voyaient bien que Marlène avait un don.

Elle avait perdu son père dix ans plus tôt. Et sa fille de treize ans s'était suicidée deux ans plus tard. Marlène l'avait trouvée, prise dans ses bras. Elle avait appelé une ambulance, alors même qu'il était trop tard.

« Pourquoi as-tu fait ça ? » voulait-elle crier. Elle n'avait rien dit.

Elle avait simplement serré le corps de sa fille contre elle pour un dernier adieu.

Marlène n'imaginait pas que la mort de son père et celle de sa fille aient eu un aspect positif. Elle aurait donné n'importe quoi au monde – n'importe quoi – pour qu'ils soient encore en vie l'un et l'autre. Elle avait été trop occupée à survivre, à enchaîner un geste après l'autre, pour remarquer que la compassion s'était discrètement installée dans son cœur.

« Ce sera la pire épreuve que tu aies jamais vécue. Mais il en sortira quelque chose de bien un jour. Je te le promets », me dit ma meilleure amie, Écho, après la mort de mon fils.

Elle voulait me donner une raison de continuer, mais ses paroles ne m'apportèrent aucun réconfort. « Il est possible qu'il en sorte du bien un jour, me suis-je dit, mais je ne suis pas prête à en payer le prix. »

Certaines pertes sont tellement atroces qu'on ne peut pas être *heureux* de les avoir subies. Mais il est possible de retrouver le bonheur. Certains événements échappent complètement à notre contrôle. Et la folie nous guette si nous cherchons à savoir quel bien il peut en sortir.

Les bénéfices tirés de nos expériences échappent également à notre contrôle. Il suffit de rester présent à chaque pas, pour en bénéficier, tout naturellement. Nous ne remarquons pas toujours ce que nous ont apporté nos pertes, les valeurs que certaines épreuves ont instillées en nous – compassion, tendresse, amour.

Mais les gens qui nous entourent verront la différence.

Ils nous seront reconnaissants d'avoir appris nos leçons.

Le mieux, c'est souvent d'adopter un profil bas, de se protéger pour survivre et traverser les pires moments. Pour moi, le simple fait d'aller jusqu'à l'épicerie était parfois plus pénible que d'escalader une montagne.

On n'est pas obligé d'accepter en bloc toutes les réalités de la vie. De digérer d'un seul coup certaines pertes, trop dures à supporter. Il suffit de rassembler ses forces pour progresser, un pas après l'autre. Et accepter un sentiment après l'autre (et il y en aura beaucoup). Chaque jour. À chaque heure. Quoi que l'on ait à faire dans l'instant. Et l'on découvrira peu à peu que cette présence à soi-même, cette conscience de chaque instant, de chaque heure est une façon de vivre extrêmement valable.

Au début, il y a la brutalité du choc. Puis vient le chagrin, incommensurable. Suivent les heures de torpeur silencieuse où l'on contemple, anéanti, le vide laissé par ce qu'on a perdu. Puis la douleur se fait plus vive parce que l'on prend l'exacte mesure de ce qui nous a été enlevé. Alors il faut se traîner au fil des heures, accomplir les gestes, tenter de se remettre à fonctionner, bon gré mal gré. Ensuite on s'efforce d'être heureux, bien qu'on ne le soit pas. Pratiquement tout ce qu'on fait a pour unique objectif de calmer une insupportable souffrance pour qu'il ne soit plus aussi difficile de vivre. Et puis un jour on se réveille et on se découvre effectivement content de vivre, passionné par ce qu'on fait, réconcilié avec la perte subie. On ne s'en réjouit pas, bien sûr, mais on constate avec surprise qu'une sorte de paix s'est installée en nous.

Au cours de ce processus que l'on appelle le deuil, on apprend à voir les choses, les gens, la vie et la mort autrement. On ne sera plus jamais le (la) même. Il ne pouvait en être autrement, d'ailleurs.

La vie est parfois un cauchemar et une bénédiction en même temps. Et ce sont ces moments de cauchemar qui, imperceptiblement, façonnent notre vie.

Vie et mort. Cause et effet. Personne ne sait de quel temps il dispose. « Cette histoire d'impermanence me déplaît souverainement, me dit un jour un ami. – Je n'en suis pas folle non plus, répondis-je, mais une fois qu'on s'y est fait, on peut en tirer parti. »

Raison de plus pour rester présent à chaque instant.

Le chagrin n'a rien d'anormal. C'est le moyen inventé par la nature pour guérir les blessures du cœur. Choisir d'affronter un deuil et sortir grandi de l'expérience est l'une des épreuves les plus difficiles que nous puissions vivre.

2

Il allait exploser

— Maman, je sens que ça recommence, dit Charlie en sortant de sa chambre.

Sa mère était au téléphone.

« Excuse-moi, dit-elle à son correspondant, il faut que je raccroche. »

Quand Charlie était sur le point d'exploser c'était dangereux. Il le savait. Une ou deux fois déjà, il avait vraiment explosé et sa mère avait dû appeler la police. Il était dans une colère noire, irrépressible. Alors il avait eu envie de casser quelque chose – la lampe préférée de sa mère. Ensuite, il avait cassé autre chose. Quand il commençait à casser, il ne pouvait plus s'arrêter.

Avant la crise, il avait une sensation d'affolement, de panique, comme s'il perdait la tête.

En général, son médicament suffisait à le calmer.

Et il apprenait à sentir venir les crises. S'il n'arrivait pas à se calmer tout seul, par la pensée, il devait prévenir sa mère ou un autre adulte – un professeur de son école spéciale, par exemple. Alors on l'emmenait dans un lieu où il pouvait rester quelques jours.

Charlie apprenait à être responsable de lui-même. Il préférait aller dans cet endroit pour se calmer plutôt que dans une prison pour enfants.

— Je suis un enfant pas comme les autres, hein, maman ?

Ils avaient pris la voiture pour aller dans cet endroit spécial où il se calmerait. Le père de Charlie était parti. Il buvait trop. Le frère de Charlie était mort. Mais Charlie ne voulait pas y penser. Sa maman était une bonne mère, mais elle était obligée de travailler beaucoup, beaucoup.

Aussi loin que remontent ses souvenirs, Charlie avait toujours fait des colères. Les médecins disaient qu'il souffrait d'un truc appelé déficit d'attention – ça l'empêchait de prendre des décisions – à cause d'une lésion qu'il aurait au cerveau.

— Encore une chose, dit Charlie avant de descendre de la voiture.

— Oui mon chou ? demanda sa mère.

— Tu n'as pas l'impression que quand Dieu s'ennuie Il s'amuse avec nous ?

Les épreuves commencent parfois bien trop tôt. Certains sont obligés d'*apprendre* des choses difficiles à un âge très précoce. Bon nombre d'enfants et d'adultes souffrent de déficit d'attention. Le mal n'est pas toujours aussi grave que dans le cas de Charlie où il se compliquait d'une atteinte cérébrale. Mais il est toujours une entrave à l'apprentissage, au travail, au bonheur et à l'accomplissement de nos tâches quotidiennes. Dans certains cas, d'autres troubles viennent compliquer le déficit d'attention tels que compulsion obsessionnelle, anxiété, dépression maniaque. Heureusement, il existe aujourd'hui des traitements efficaces contre la plupart de ces troubles qui interfèrent avec nos capacités de décision et notre qualité de vie.

On peut trouver injuste que la vie soit aussi dure. Mais accepter les troubles qui affectent notre santé ou celle de nos enfants – et trouver les meilleures solutions possibles pour eux comme pour nous – est un choix que nous pouvons faire par amour.

3

Sa chambre, un vrai capharnaüm

Sally alla jeter un coup d'œil dans la chambre de sa fille.

Les draps et les couvertures étaient par terre. C'est-à-dire qu'ils recouvraient l'invraisemblable fouillis d'objets qui jonchait le sol.

« Je vais mettre un peu d'ordre », se dit Sally, en ramassant la première chose qui lui tombait sous la main. « Je le savais, s'écria-t-elle en découvrant un paquet de papier à rouler. Elle se drogue à nouveau ! »

Sally avait déjà envoyé sa fille en cure de désintoxication une fois. Elle avait semblé guérie pendant, disons, six semaines. Mais, ensuite, elle était redevenue méchante, agressive. Mettant tous ses problèmes sur le dos de Sally. Disant que c'était elle, sa mère, qui avait besoin de changer.

« T'es complètement déjantée, ma pauvre. Pas étonnant que j'y touche. N'importe qui ferait la même chose avec une enquiquineuse, une sale fouineuse de mère comme toi ! »

C'est toujours la même histoire et elle n'arrête pas de se répéter. Finalement, la fille de Sally a fait une deuxième cure de désintoxication. Finalement Sally a trouvé du secours auprès des Alcooliques anonymes.

Et entre-temps ?

— C'était l'enfer, dit Sally.

Élever des adolescents – en plein bouleversement hormonal, hésitant perpétuellement entre l'envie d'être indépendants et le désir de rester enfants, découvrant tout juste le jeu des causes et des effets – pourrait épuiser la patience d'un saint.

Élever des enfants ou des adolescents dépendant d'une drogue peut être carrément, absolument impossible.

Si l'on ignore qu'ils se droguent, on peut être blessé, dérouté. On constate qu'ils changent de comportement et on se demande ce qui ne va pas. Ils deviennent maussades, renfermés, lunatiques, évasifs et méchants.

Quand on est au courant, on souffre de voir des enfants se détruire. On est terrifié à l'idée des conséquences des actes qu'ils commettent sous l'emprise de l'alcool ou d'une drogue. Et puis ce genre de problèmes réveille souvent une énorme culpabilité. J'ai entendu raconter tous les scénarios possibles :

« Je suis allé aux réunions des Alcooliques anonymes. Mon fils s'est fait soigner, il a arrêté, c'était un miracle, tout s'est bien passé. »

« Je suis allé aux réunions des Alcooliques anonymes. Mon fils n'a pas arrêté de se droguer pendant des années, mais je crois que mon changement d'attitude a contribué à lui sauver la vie. »

« Je suis allé aux réunions des Alcooliques anonymes. Mon fils a continué à se droguer. Il a fait une overdose, il est mort. »

Et aussi, classiquement : « Je n'ai pas besoin d'être aidé, lui non plus. C'est un bon gars. Il est seulement un peu perturbé en ce moment. Rien de bien méchant. »

Il peut être difficile de déterminer si un adolescent fait simplement ses expériences avec l'alcool et les drogues ou s'il est réellement dépendant et nécessite un traitement. On peut aussi avoir du mal à savoir quoi faire et à quel moment. Mais deux choses doivent être tenues pour certaines. La première c'est que si l'enfant est un alcoolique ou un drogué en puissance, il a plus de chances de s'en sortir si on le confie à des professionnels. Le traitement peut réussir dès la première fois, ou pas, mais au moins l'enfant saura qu'il a un problème pour lequel il existe une solution et que ce n'est pas lui le problème. Une graine est plantée qui peut germer plus tard.

La seconde certitude c'est que si quelqu'un que vous aimez est alcoolique ou drogué, il est utile que *vous* alliez à des réunions des Alcooliques anonymes.

Sortir la tête du sable est une sage décision.
Quelle que soit la personne dont le problème nous obsède,
c'est notre devoir de ne pas nous affoler et de nous reprendre en main.

4

Elle se sentait perdue

Jennifer était assise à table et regardait son mari prendre son petit déjeuner. Il but son jus d'orange. Elle lui sourit. Comme une musique à peine audible, ses pensées tournaient à la limite de sa conscience. « Je déteste cette ville. Je déteste la vie que je mène. Et, pensa-t-elle en le voyant ouvrir le journal, je ne vais pas tarder à le détester lui aussi. »

Il avait enfin la situation dont il rêvait. Il avait étudié pour ça, il s'y était préparé. Elle avait dû renoncer à ses amis et à sa vie pour le suivre dans cette petite ville perdue où il était microbiologiste. Il était content.

Elle se sentait mourir intérieurement.

Elle avait tout tenté pour ne pas en arriver là. Elle avait essayé de se faire des amis. Elle avait trouvé un emploi de comptable dans une société locale. Elle avait patienté. Prié. Cela n'avait servi à rien.

Pourtant, elle ne voulait pas doucher l'enthousiasme de son mari. Elle l'aimait. Elle voulait vivre avec lui. Être sa femme. Elle l'avait voulu. Mais depuis quelque temps, ce refrain « je déteste ma vie, je le déteste, lui » tournait perpétuellement dans sa tête, jour après jour.

« C'est sans doute ma faute, pensa Jennifer en faisant la vaisselle. Comme il partait travailler, elle lui déposa un rapide baiser sur la joue. Si je faisais plus d'efforts, j'arriverai peut-être à voir les choses autrement. Il faut simplement que je m'y fasse. Je ne vois pas d'autre solution. »

Il n'y avait aucune raison pour que le téléphone sonne, ce matin-là, pour qu'une amie l'appelle de la ville où elle avait vécu. Au début, Jennifer avait tenté d'entretenir ses amitiés mais, les jours se transformant en semaines puis en mois, il y avait de moins en moins de sujets de conversation. Quand ses amis lui demandaient comment se passait sa nouvelle vie, elle mentait.

Il n'y avait pas non plus de raison particulière pour qu'elle réponde autre chose que « tout va bien » aux questions de son amie, ce matin-là. Elle n'avait pas pour habitude de dire ouvertement ce qu'elle ressentait – ni aux autres ni à elle-même. Mais c'était sorti tout seul, d'un seul coup.

— Et tu en as parlé à ton mari ? demanda son amie.

— Oh ! non, répondit Jennifer, je ne pourrais pas.

— Toi, ma belle, tu devrais te poser des questions sur la codépendance, conclut l'amie.

Jennifer connaissait ce mot. Il s'appliquait à la situation de certaines personnes. Sa copine Marguerite, par exemple, qui était mariée à un buveur de bière, une vraie barrique. Marguerite était dépendante. Elle allait le repêcher dans tous les bars du quartier et voulait absolument le forcer à arrêter de boire. Elle mentait au patron de son mari. Elle était dans un sale pétrin.

Jennifer n'en était pas là, absolument pas. « Non, je suis, je suis simplement une bonne épouse », se dit-elle.

Articles et livres arrivèrent par la poste la semaine suivante, envoyés par son amie. Jennifer lui avait pourtant assuré que le concept de codépendance ne concernait ni elle ni sa façon de vivre. Elle avait d'ailleurs oublié leur conversation au moment où elle reçut le paquet.

Pendant deux semaines, elle tourna autour des livres. Elle les posait sur la cheminée, les regardait, puis allait les ranger sur son bureau, dans la chambre.

— Qu'est-ce que c'est ? demanda son mari.

— Ça ? Rien. Des bouquins que m'a envoyés une amie.

— Hummm.

Mais ces livres l'obsédaient. Alors elle prit une toute petite décision : « Je ne vais pas m'identifier à quoi que ce soit, mais je peux au moins lire ces bouquins. »

Elle lut vingt pages puis balança le livre à travers la pièce. Ce mouvement de rage la surprit elle-même. Profondément. Car Jennifer ne se mettait jamais, jamais en colère. Cela ne lui ressemblait pas.

Et puis, avant même que le livre ait atterri sur le sol, elle éclata en sanglots. Sans pouvoir s'arrêter.

Personne ne lui avait jamais dit ce qu'elle avait lu dans ce livre – qu'elle avait le droit d'être qui elle était. Personne, jamais. Cette manière subtile de s'obliger à être quelqu'un d'autre, elle la pratiquait depuis l'enfance. Elle avait essayé d'être une bonne élève, une bonne fille pour ses parents, une bonne épouse pour son mari. Et, à force de se contraindre à la perfection, elle avait fini par disparaître. Et elle n'était plus bonne à rien, même à vivre sa vie.

Les mois qui suivirent furent les plus terrifiants – et libérateurs – de son existence.

Il lui fallut tout ce temps pour réunir le courage de parler à son mari. Ouvrir son cœur, s'exprimer franchement sur ses sentiments et même se persuader qu'elle avait le droit de le faire, ce fut pour elle comme une excursion en territoire inconnu, inexploré, plus étranger que cette ville où elle vivait.

Sa plus grande fierté avait toujours été sa perfection, son sens des responsabilités. Et voilà qu'à trente ans passés, dans un bled perdu, elle remettait tout en cause, elle apprenait à lâcher, à être elle-même.

« Pendant toute cette période, raconta-t-elle plus tard, j'étais complètement perdue, désorientée. Maintenant, avec le recul, je vois que c'était ce qui pouvait m'arriver de mieux. J'ai dit à mon mari ce que je ressentais. Je lui ai dit que je l'aimais et que je voulais être sa femme, qu'il pouvait rester là s'il le désirait, mais qu'il fallait que je pense à moi. Ce fut un choc pour lui. Comment aurait-il pu se douter de quoi que ce soit ? Je faisais semblant depuis si longtemps. Je ne savais même plus qui j'étais.

— Nous sommes retournés dans notre ville natale. Notre couple est sorti renforcé de cette épreuve. J'ai compris que je n'étais pas une victime. Il ne m'avait rien fait. J'étais seule responsable de mon malheur. »

Jude appelle sa meilleure amie depuis les toilettes de son lieu de travail, après avoir quitté une réunion et éclaté en sanglots. Elle n'a rien fait d'autre que de demander à l'homme – décrit comme un lâche, un égoïste, incapable de s'engager – avec qui elle sort depuis dix-huit mois, de partir en vacances avec elle. Non seulement il a décliné son invitation mais il en a profité pour rompre avec elle.

Et elle se retrouve coincée dans les toilettes, barbouillée d'eyeliner et sans sa trousse de maquillage.

« Je suis dépendante, dit Jude. J'en demande trop, j'ai tout le temps besoin d'être rassurée. »

Dans le livre *Le Journal de Bridget Jones*, Bridget commente : Classique, mais Jude se met tout sur le dos.

Dans le film, Bridget réconforte Jude, lui assurant qu'elle n'est pas dépendante ; son ex-copain, par contre, est un pauvre type.

« J'ai lu *Codependant No More* », dit une invitée à une émission de télévision où l'on venait de passer un documentaire sur ma vie. Une autre invitée lui lança un regard horrifié. « C'était à l'époque où j'avais moi-même ce problème », s'empressa de répondre la première.

La première fois que je suis allée à une réunion des Alcooliques anonymes, une femme m'a accueillie à la porte, toute guillerette, disant : « Bienvenue à vous qui êtes une alcoolique anonyme. » Je ne lui ai pas rendu son sourire. « Non, ai-je répondu, je ne suis pas alcoolique, je suis accro à un alcoolique. » « Oh, a-t-elle dit, toujours souriante, vous avez doublement raison de venir, alors. Nous sommes heureux que vous soyez là. »

Moi, je ne l'étais pas. Je bouillais de honte et de fureur.

— Tu étais vraiment comme eux ? me demandent maintenant mes nouveaux amis.

J'ai envie de mentir, de répondre : « Non, j'ai simplement travaillé avec eux. Je n'ai jamais été comme ça. »

— Vous considérez-vous comme codépendante ? demandai-je à une jeune femme qui, de toute évidence, l'était.

— Je préfère me définir comme hyperprotectrice, dit-elle. Le problème c'est que quand je m'occupe trop de quelqu'un, je ne m'occupe pas assez de quelqu'un d'autre. Et ce quelqu'un d'autre, c'est généralement moi.

— Personne n'a envie de se voir sous les traits d'un contrôleur manipulateur compulsif, poursuivit-elle. Alors reconnaissons secrètement que nous sommes codépendants, et faisons ouvertement usage de notre pouvoir.

Lorsque j'ai écrit *Codependant No More*, en 1968, la plupart des gens croyaient de bonne foi qu'il fallait contrôler les situations, s'attacher aux gens, tenir bon, assumer la responsabilité de leurs actes, réprimer ses émotions, culpabiliser, se priver et se négliger. Nous en étions arrivés, je ne sais comment, à la conclusion sociale et culturelle qu'en toute situation ce type de comportement était souhaitable, recommandé même.

Aujourd'hui, nous n'en sommes plus là. Il est devenu culturellement et socialement acceptable – voire souhaitable – de s'occuper de soi.

Depuis que j'ai écrit ce livre, le sentiment général concernant la codépendance s'est transformé. On ne veut plus être associé à un mot qui symbolise manipulation, victimisation et martyre, contrôle de l'autre et rejet de soi-même.

Personnellement, je n'aime pas ce mot non plus.

Mais pour les millions de personnes qui ont été intimement liés à l'alcoolisme ou autre trouble d'un proche, la codépendance était et reste un concept salvateur. Comme l'a découvert Jennifer, reconnaître, comprendre et combattre sa dépendance devient une façon de se retrouver, de se reprendre.

— Quand vous êtes-vous rebellée contre votre codépendance ? ai-je un jour demandé à une femme.

— Quand j'en ai eu assez de me cogner la tête contre un mur, en essayant de contrôler tout et tout le monde, excepté moi-même.

Quelle que soit la manière dont on se perçoit, se poser en victime, c'est démodé ; maintenant, pour être dans le coup, il faut s'occuper de soi-même.

Finalement, beaucoup de gens choisissent de s'occuper d'eux-mêmes.

5

Retour sur le passé

L'air content de lui, Doug marchait dans le couloir derrière l'homme en uniforme. Lorsque l'homme s'arrêta, Doug entra dans une cellule. La grille se referma derrière lui avec fracas.

— Hé, Dougie ! cria quelqu'un du bout du couloir. Pour quoi ils t'ont serré cette fois ?

Doug se rapprocha de la grille et regarda dans le couloir. C'était son vieux pote Carter.

— Vol de voiture, dit-il. Et toi ?

Plus tard, le shérif vint le chercher et l'accompagna dans le dédale des couloirs de la prison.

— Ton père est là, dit-il. Et il ajouta en hochant la tête : Doug, je connais tes parents depuis des années. Ce sont de braves gens. Pourquoi tu leur fais ça ?

Doug ne répondit pas. Il suivit le shérif jusqu'au local des visites. Son père y était déjà.

Doug écouta son père lui faire la morale :

— Pourquoi as-tu recommencé ? Comment peux-tu ? Après tout ce qu'on a fait pour toi, ta mère et moi, c'est comme ça que tu nous remercies ?

Doug s'affala sur sa chaise, attendant la fin de la tirade. Enfin, son père arrêta de le culpabiliser. Un silence gêné remplit la pièce.

— L'audience pour ma caution c'est demain matin, dit Doug. Alors à demain.

Son père ne s'emporta pas. Il parla même très doucement :

— Ta mère et moi on s'est décarcassés pour t'aider, pour te

donner une nouvelle chance. Ça n'a pas marché. Tu as recommencé. Et chaque fois tu trouves quelque chose de pire à faire.

« On a discuté avec certaines personnes, ta mère et moi. On a décidé, euh, on a décidé qu'on ne paierait pas ta caution cette fois. On a fait tout ce qu'on a pu. On va parler au juge et lui demander de t'envoyer quelque part où on fera pour toi ce que nous n'avons pas pu faire.

Doug regarda son père se lever.

— Je t'aime, mon garçon, dit-il, mais trop c'est trop.

Il tourna les talons et se dirigea vers la porte. Le shérif le laissa sortir. Puis il revint chercher Doug. Ils reprirent les couloirs, mais la démarche de Doug était beaucoup moins assurée.

Six semaines plus tard. Doug est assis sur une des chaises en métal de la salle du groupe. Quelle blague cet endroit ! Il aurait préféré que le juge l'envoie en prison. Là au moins on l'aurait laissé tranquille.

Le conseiller regarde Doug :

— Redresse-toi. Boutonne ta chemise. Retire cette cigarette de derrière ton oreille et va la jeter.

Doug pousse un soupir, puis il se lève et se dirige vers la corbeille. Le type assis deux chaises plus loin lui fait une grimace. Doug lui montre le poing.

— OK, Doug. Corvée de ménage pendant quinze jours pour intimidation. Maintenant reviens t'asseoir et tiens-toi droit. Ça va être à toi. Le conseiller se cale dans son siège. Et j'ai tout mon temps.

Doug ronchonne intérieurement. « Qu'est-ce qu'ils me veulent encore ? Fichez-moi la paix. J'ai déjà dit tout ce que je sais. »

— Dis au groupe ce que tu as fait et pourquoi.

— Volé une voiture. Parce que je suis un taré.

Il jette un regard circulaire, évitant les yeux du conseiller. Il a dit la même chose les autres fois. Il sait bien que cela ne suffit pas. Mais il ne sait pas quoi dire d'autre.

— Dis-nous à quel moment tes ennuis ont commencé.

— Le jour de ma naissance.

Et le jeu des questions-réponses reprend. Parle-nous de ton enfance. Parle-nous de l'école. Parle-nous de tes parents. Papa et maman. Comment te sens-tu, Doug ? Non, comment te sens-tu vraiment ? Que ressens-tu en ce moment même ?

— Je suis furieux, crie Doug. J'en ai marre de vos questions.

— Voilà qui est mieux, dit le conseiller. Au moins, tu t'exprimes franchement. Maintenant, dis-moi, Doug – qui t'a fait du mal ? Qui t'a fait tellement de mal que tu n'as pas pu le dire ?

— Personne. Comme vous le dites vous-même, c'est moi seul qui me fais du mal.

— C'est ta mère, Doug ? ton père ? les deux ? Tu souffrais tellement que tu ne voulais pas ressentir ta souffrance ? Qu'est-ce qui s'est passé Doug ? N'aie pas peur. Tu peux parler maintenant. Dis-moi.

Alors le conseiller se met à raconter ce qui lui est arrivé à lui quand il était petit. Son père lui a fait quelque chose dont il a eu terriblement honte. Il s'est senti si mal, tellement coupé du reste du monde qu'il a enfoui sa souffrance au plus profond de lui. Et il s'est mis à faire des bêtises parce que c'était la seule manière de se rappeler qu'il souffrait et qu'il était terriblement en colère.

— Qui t'a fait du mal, Doug ? Je veux vraiment le savoir. J'ai de l'amitié pour toi.

Le conseiller le regarde dans les yeux. Ce ne sont pas seulement des mots. Il pense vraiment ce qu'il dit.

Et soudain les souvenirs jaillissent, avec la brutalité d'une explosion volcanique. Par petits bouts d'abord, entrecoupés de larmes, puis la colère, puis d'autres larmes. Finalement le conseiller le prend dans ses bras, le serre contre lui en lui disant des mots rassurants.

Un oncle. Le frère de son père. Tout le monde l'aimait et le respectait dans la famille. Il obligeait Doug à le toucher, à lui faire ça, chaque fois qu'ils étaient seuls ensemble. Doug répétait à ses parents qu'il ne voulait pas le voir – aller à la chasse avec lui, travailler pour lui. Son père insistait. Disait que ce serait bon pour lui. Erreur. Mais tout le monde s'en fichait. Personne ne l'avait écouté quand il disait : « Non je ne veux pas y aller. »

Après avoir révélé ce secret aux autres et à lui-même, Doug pleure longtemps, très longtemps. Puis, pendant plusieurs jours, il se sent bizarre, différent de ce qu'il a été pendant dix ans.

— Ouah ! dit-il, je ne savais pas que tout ça était en moi, toutes ces émotions.

Vingt ans plus tard, le téléphone sonne dans le bureau de Doug. « Doug ? On a un nouveau, envoyé par le juge pour enfants, dit la secrétaire des admissions. Deux vols de voiture ; histoire d'échec scolaire. Il s'appelle Jack. Je sais que tu peux faire des miracles avec lui. »

Doug reçoit un gamin de dix-sept ans, cheveux bruns, vaste pantalon sans forme, un clou dans le nez, l'air fanfaron. Doug voit en lui l'adolescent qu'il a été. Pas seulement un délinquant juvénile. Un être plein de colère et de souffrance qui exprime ses émotions sous une forme socialement inacceptable.

Doug n'a pas l'impression de faire des miracles. C'est tout naturellement qu'il a choisi de travailler avec les jeunes en difficulté. Pour mettre ce qu'il avait appris au service des autres et les aider à guérir de leurs blessures. Doug sait que les mauvaises habitudes acquièrent facilement une vie propre et que tout individu est responsable de ses actes, malgré tout ce qu'on a pu lui faire. Mais il a aussi compris que le jeu des causes et des effets s'applique aux émotions et à la thérapie.

— Bienvenue en réhab, dit-il. Je suis ton conseiller. Va enlever ce clou de ton nez et reviens. On va discuter.

Il existe plusieurs tactiques pour fuir la souffrance. On peut la nier, faire semblant que tout va bien, la minimiser, prendre des médicaments, se venger, anesthésier sa sensibilité et traduire sa souffrance en actes. On se débrouille comme on peut. Et on a l'impression de contrôler sa vie, mais c'est une illusion. En réalité, on est contrôlé, agi par un traumatisme ancien. Mais on l'a refoulé si profondément, parfois, qu'on a oublié jusqu'à la souffrance qu'il a provoquée.

Lorsque j'ai commencé à guérir de ma dépendance aux médicaments, il y avait en moi un tourbillon émotionnel secret si intense qu'il a fait trembler les murs de l'hôpital où je me trouvais quand il s'est révélé, en 1973. « Ouah ! me suis-je dit, je ne savais pas que toutes ces émotions étaient en moi. »

Lorsque j'ai entrepris de lutter contre ma codépendance en assistant à ma première réunion des Alcooliques anonymes, je me suis d'abord sentie outragée. Mais le fait de me retrouver avec tous ces gens sains, amicaux et profondément décidés à changer – un environnement protecteur – rendait ma position de refus inutile. J'ai pu m'en défaire. Et bientôt je me suis mise à pleurer, je ne pouvais rien faire d'autre. Derrière mes tentatives désespérées de contrôler, de manipuler les autres, il y avait un énorme réservoir de tristesse, de chagrin.

J'avais encore besoin d'aide et d'un protocole de guérison pour m'en sortir, pour changer. J'en avais besoin avant mon explosion émotionnelle, pendant et après. Mais, à partir du moment où mes émotions refoulées sont remontées à la surface, brutalement ou plus discrètement, un processus de transformation s'est mis en place de lui-même.

Dans son livre sur la compulsion obsessionnelle, le Dr Jeffrey Schwartz raconte l'histoire d'un de ses patients qui, pendant son combat contre la maladie, découvre qu'il existe des liens entre ses émotions refoulées et ses comportements compulsifs.

« Lorsqu'il y arrive [à ressentir ses émotions], il se rend compte que ses comportements compulsifs sont moins nombreux, alors que quand il refoule tout sentiment, la compulsion devient maximale.

« Pendant des années il a pris des médicaments en complément de sa thérapie, mais il en arrive à dire : "Les médicaments ne faisaient qu'aplanir ma personnalité. Me rendre insensible. Mes émotions étaient complètement bloquées. Pour combattre la compulsion obsessionnelle, il faut vraiment laisser s'exprimer ce qu'on ressent." »

Cet homme n'était pas capable de pleurer la mort de sa mère, mais il fut ému aux larmes par la disparition de Mickey Mantle, star du base-ball.

Il y a deux sortes d'émotions. Les réactions superficielles – comme l'irritation et l'exaspération ressenties par Doug lorsque son conseiller lui demande ce qu'il ressent. Ces émotions-là peuvent être des indices et des liens précieux. Mais chez la plupart d'entre nous elles cachent des émotions plus profondes.

À l'époque où j'animais, avec d'autres, des groupes thérapeutiques à Minneapolis, certains conseillers étaient de vrais radicaux. Avec eux, nous grattions ces couches superficielles jusqu'à abattre l'ensemble de l'édifice. Et tout le monde – celui qui craquait, les conseillers, les autres membres du groupe – quittait la réunion, dont certaines duraient des heures, des jours, même, transformé.

Il y avait de la magie dans l'air.

Les gens ne parlaient pas de leurs émotions.

Ils vivaient leurs émotions.

Être présent à chaque instant, à chaque pas que l'on fait, cela veut dire entre autres être présent à ses émotions. Aïe ! Ça fait mal. Oui, et ça fait probablement mal depuis longtemps. Si l'on a enfoui telle ou telle souffrance d'enfant, être présent aujourd'hui veut dire revenir sur son passé et revivre les émotions de cette époque-là.

Guérir les blessures anciennes est un choix pénible
mais susceptible d'opérer des miracles.

6

Elle a manqué une marche

C'est arrivé très vite, comme tous les accidents. Elle sortait de la douche. Le téléphone s'est mis à sonner en même temps que la sonnette de la porte. Carol a attrapé un peignoir et s'est précipitée vers l'escalier menant au rez-de-chaussée. Alors cet imbécile de chien s'est jeté dans ses jambes. Elle ne l'a pas vu venir. Trop pressée. Oups ! Elle a manqué une marche. Perdu l'équilibre. Dévalé l'escalier jusqu'en bas.

Pendant un moment elle est restée sonnée. Tout s'était enchaîné si rapidement. Elle a essayé de se lever. Impossible. Elle a regardé sa jambe.

Elle était cassée, sûrement.

Aïe. Carol avait vraiment très mal.

Deux jours plus tard, elle quittait l'hôpital avec une énorme réserve d'analgésiques et l'ordre de se reposer. Elle s'allongea sur le divan de la salle de séjour, contemplant le bas de l'escalier.

« J'ai vraiment touché le fond, ce coup-ci », pensa-t-elle. Elle regarda les médicaments. Un ou deux cachets à prendre toutes les six heures. Elle en prit deux, hésita pour le troisième. « Pourquoi les malheurs arrivent-ils toujours en série ? » se demanda-t-elle en attendant que les cachets fassent l'effet. Pendant six ans elle avait désiré que Michael vienne vivre avec elle. Il n'était pas resté longtemps. Il était retourné chez son ex-femme. Puis il était revenu.

Relation décevante. Michael était incapable de se tenir à quoi que ce soit.

Il passait de Carol à sa femme comme il alternait entre cocaïne et cure de désintoxication.

« Que j'ai été stupide de l'attendre comme ça toutes ces années. Qu'est-ce que je m'imaginais ? On a eu de bons moments, mais il ne m'a apporté que tristesse et souffrance. Elle considéra sa jambe. Un peu comme ça. »

Elle avait fini par rompre, trois mois plus tôt. « Maintenant il est parti. Pour de bon. Et je me retrouve coincée ici, à souffrir encore, à attendre encore, et toujours seule. »

Deux semaines passèrent. Puis trois. Financièrement, c'était juste. Sa jambe la faisait toujours souffrir. La fracture était grave. Le médecin lui avait donné tous les analgésiques nécessaires. C'était tellement tentant de rester couchée sur ce divan, en pleine euphorie. Les comprimés calmaient les élancements dans sa jambe. Et endormaient la souffrance de son cœur.

Elle prit un nouveau cachet. Une petite voix lui souffla : « Attention. Tu es en train de devenir accro. »

Carol passa encore deux jours allongée à avaler des comprimés comme si c'étaient des dragées. Le mercredi, elle se leva et sautilla jusqu'au réfrigérateur pour prendre un soda en s'appuyant sur ses béquilles. Soudain, elle se rendit compte qu'elle n'avait plus aucun souvenir des jours passés. Depuis l'accident, elle vivait dans un état de stupeur médicamenteuse.

« Si je continue comme ça je vais finir en désintoxication, moi aussi, se dit-elle en décrochant le téléphone. Il doit y avoir un autre moyen. J'ai vraiment mal, mais je ne peux pas continuer à me bourrer de cachets. »

Elle appela son médecin.

Le lundi suivant, elle se rendit en taxi à l'adresse qu'il lui avait indiquée. Une clinique où l'on enseignait aux malades à gérer leur douleur par des moyens non chimiques. Elle participa aux séances de thérapie de groupe. Elle apprit à vivre avec la douleur et à se détendre de manière à moins souffrir. Sa jambe était toujours dans le plâtre. Toujours douloureuse. Et elle avait toujours la sensation d'avoir gâché sept ans de sa vie.

Et tout ça pour apprendre à gérer sa souffrance.

La thérapie durait sept jours. Mais les patients pouvaient revenir à la clinique pendant plusieurs mois. Carol y retourna une ou deux fois par semaine, selon les cas.

C'est là qu'elle rencontra Jason. Il était alpiniste et, lors d'une sortie, s'était blessé le dos.

— Allons dîner, nous pourrons discuter du bonheur de vivre quand on ne souffre pas, lui dit-il.

Carol accepta.

Seize mois plus tard, Carol sortit de la douche, se sécha, enfila un peignoir, s'habilla et descendit prudemment l'escalier. Elle ne voulait pas glisser ce jour-là. Quatre heures plus tard, elle épousait Jason.

— Comment vous êtes-vous rencontrés tous les deux ? voulut savoir l'un de ses tantes pendant la réception.

Carol resta un moment silencieuse, se demandant quoi répondre. Décider de mettre fin à une relation sans avenir. Se précipiter. Tomber dans l'escalier. Ce satané chien. Se casser la jambe. Trop souffrir. Prendre trop de calmants. Décider d'arrêter. De se faire aider. Choisir d'aller jusqu'au bout.

— Il a fallu une série de circonstances assez bizarres, répondit-elle finalement. Je te raconterai ça un jour.

Il arrive qu'on manque une marche et que tout se passe bien, si l'on reste présent, attentif à toutes les marches suivantes.

Certains être passent des années à chercher la magie partout où ils vont. Ils n'en retirent souvent que déception et frustration parce qu'ils passent à côté de choses très belles. Arrêtez de chercher. Occupez-vous de vos affaires. Soyez attentif à toutes les décisions, à tous les détails de votre vie. Soyez présent à chaque instant. Laissez la magie venir à vous.

Dites-vous tous les matins : « Aujourd'hui c'est mon jour ! Ma montagne m'attend, alors... en route. »

Tout peut arriver. Absolument tout.

7

Elle a ri de ses rides

Ginny se regardait dans la glace. « Encore un cheveu blanc. Ou plutôt une dizaine de cheveux blancs », se dit-elle en les arrachant un par un.

Elle examina son image dans le miroir, sans concession. Où était la femme de vingt ans ? Elle la sentait toujours en elle, dans son corps de cinquante ans.

Elle tira la peau sous ses yeux. Hum ! Est-ce que je dois me faire lifter, étirer les lèvres jusqu'aux oreilles ? ou laisser tranquillement la nature faire son œuvre ?

« Je n'en sais rien. Je vais attendre et voir », se dit-elle.

Le téléphone sonna. C'était sa fille.

— Maman, viens, viens me tenir compagnie. S'il te plaît. S'il te plaît. S'il te plaît, supplia-t-elle.

Depuis un certain temps, c'était tout ce qu'elle voulait.

— Non, chérie. Tu dois vivre ta vie maintenant. Et moi la mienne.

Elles discutèrent longuement. Finalement, Ginny raccrocha et se mit à rire. Ça n'avait pas toujours été comme ça. Quand sa fille avait quitté la maison, leur relation s'était tendue à l'extrême. Elles se parlaient à peine et quand elles le faisaient c'était en se forçant. Ginny avait mis du temps à piger ce qui lui arrivait.

Le syndrome du « nid vide ».

— Je me sentais rejetée, j'étais en colère, désorientée, dit-elle. Je ne comprenais rien. J'avais toujours été la personne la plus importante du monde pour cette enfant. Cette enfant qui était toute ma vie. Et, brusquement, elle n'avait même plus le temps de m'adresser la parole. Je ne comptais plus pour elle, plus du tout. Fini.

« J'étais secrètement jalouse de ses nouveaux amis. C'est à eux qu'elle réservait l'amour qu'elle me donnait autrefois.

« J'avais essayé d'être la meilleure mère possible. Et voilà qu'elle me repoussait, qu'elle me reprochait toutes mes erreurs. Un jour j'ai compris ce qui se passait. Elle affirmait son identité. Elle avait donc besoin, pour se sentir séparée de moi, de me repousser. Plus j'essayais de m'accrocher à elle, plus elle devenait cassante. C'était vraiment dur. J'ai énormément souffert. Mais il fallait que je la laisse partir.

Ginny cessa d'attendre que son petit poussin rentre à la maison. Elle détourna une partie de son amour à son propre profit et apprit à se faire plaisir. Elle voyagea, visita des lieux, fit des choses qu'elle n'aurait jamais imaginé faire.

— Et vous savez quoi ? poursuit Ginny, mon bébé m'est revenu. Mais elle était devenue femme. J'ai toujours la nostalgie de notre vie de famille, quand elle était petite et que nous vivions ensemble. Ce n'était pas toujours facile, bien sûr, mais c'étaient probablement les meilleures années de ma vie. Maintenant, c'est bien aussi. Nous nous aimons autant et peut-être plus qu'avant. Ce n'est pas mieux ou plus mal, c'est différent, voilà tout.

« Pour elle comme pour moi, c'est la deuxième partie de notre vie.

Donc, vous constatez que vous vieillissez.

Qu'allez-vous faire ? Recourir à la chirurgie esthétique, liposuccion du ventre, lifting des bajoues ? Vous teindre les cheveux ? Ou laisser faire la nature et rire de vos rides ?

Vous savez quoi ?

C'est encore un choix qui vous appartient.

8

Malade et fatigué de l'être

— Une colostomie ? Vous voulez dire un sac dans lequel je vais déféquer ? Non, dit Ralph, certainement pas. Pas question. Quelles sont les autres options possibles ?

Le médecin expliqua qu'avec une chimiothérapie et des radiations Ralph pouvait éviter la colostomie. Il pouvait également allier chimiothérapie, radiations et colostomie, ce qui, de son point de vue de médecin, était la meilleure solution.

— Je vais rentrer chez moi et réfléchir, dit Ralph. Je vous tiens au courant.

Ralph prit sa voiture et rentra chez lui, sans échanger trois mots avec sa femme assise à côté de lui.

Où était passée sa vie ? Il se portait comme un charme jusqu'au printemps dernier. Ça avait commencé par des maux de ventre. Puis les médecins avaient découvert qu'il avait un cancer de l'estomac. Ils l'avaient opéré. Tout était rentré dans l'ordre. Mais, à l'occasion d'une visite de contrôle, ils avaient découvert un autre cancer, au côlon. Ça commençait à faire beaucoup. Beaucoup trop. Il y avait huit mois qu'il ne se sentait plus en bonne santé.

C'est dur d'être malade. Cela peut affecter nos émotions, nos relations, notre foi et la qualité de notre vie. Là encore, il vaut mieux ralentir, entamer une procédure d'urgence et s'occuper de soi-même du mieux qu'on peut.

Inutile de vieillir pour décliner. Certains naissent handicapés.

Certains tombent gravement malades très jeunes. D'autres vivent jusqu'à cent ans sans le moindre problème de santé ou presque.

J'ai connu des gens paralysés ou amputés des jambes, qui sautaient en parachute. Je connais un homme qui a subi une colostomie il y a plusieurs années. Il a soixante-dix ans passés maintenant. Il vient tous les jours à l'aérodrome en moto et saute d'un avion pour se maintenir en forme.

Je connais une femme qui a eu une forme grave de la polio et passé la plus grande partie de son enfance et de sa vie d'adulte dans une institution, tellement diminuée qu'elle restait parfois des heures assise sur les toilettes avant que l'infirmière ne se souvienne qu'elle était là. À cinquante ans, elle a loué un appartement. Et maintenant, elle vit avec un homme. Handicapés physiques tous les deux, ils doivent utiliser un appareillage spécial pour faire l'amour.

Je connais une femme qui vit avec le virus du sida depuis des années. Jeune, belle, elle a une vie affective et amoureuse bien remplie. Elle a plus de soupirants que beaucoup d'autres femmes.

Diminué ou en pleine forme, c'est votre corps.

Les gens peuvent vous dire ce qu'il faut manger et comment – cholestérol ou pas cholestérol, supprimer la viande, consommer beaucoup de pâtes, supprimer les œufs, bannir les produits laitiers – il semble que chacun ait son opinion. À chaque époque de l'histoire, l'une de nos denrées alimentaires se met à crier : « Stop ! Si vous n'arrêtez pas de me consommer vous allez mourir. »

On peut écouter ce que disent les médecins. On peut demander une deuxième, une troisième, voire une quatrième opinion. On peut essayer les traitements holistiques, la médecine traditionnelle ou une combinaison des deux. On peut prendre n'importe quel médicament prescrit par le docteur ou poser des questions, s'informer.

Mais, à partir du moment où on est majeur, ce qu'on fait de son corps,
ce qu'on ingère, la façon dont on se soigne
est un choix purement individuel.

9

Elle a suivi le mouvement de la roue

« Une fois la leçon apprise, la douleur s'en va », écrit-elle dans *The Wheel of Life*.

Élisabeth Kübler-Ross, la dame qui a apprivoisé la mort, est allongée dans son lit d'hôpital, chez elle. Elle ne peut plus se lever. Plusieurs attaques – dix-neuf au moins – l'ont laissée gravement handicapée. Paralysée d'un côté. C'est le matin. Elle a soif. Elle dit une rapide prière : « Mon Dieu, envoyez-moi quelqu'un. J'aimerais tellement boire une tasse de thé. »

Je me suis perdue sur les petites routes de l'Arizona. Même avec le système de navigation électronique de ma voiture, je n'arrive pas à trouver mon chemin. Je tournique depuis un bon moment au volant de mon quatre-quatre. La femme qui m'accompagne, Lori, en a visiblement assez d'être secouée.

— C'est la première fois que tu voyages en quatre-quatre ? lui demandé-je.

— Oui, répond-elle.

— Il est temps de t'y mettre.

Après avoir quitté son emploi de journaliste au *Miami Herald*, elle travaille comme pigiste et écrit un livre. Ensemble nous avons décidé d'aller voir Élisabeth Kübler-Ross. Il n'y a pas tellement de femmes que j'admire dans ce monde, et Élisabeth est l'une de mes héroïnes préférées. Elle a fait un travail aussi remarquable que nécessaire sur la mort, les mourants, le deuil et la vie après la mort. Je tiens absolument à la rencontrer.

Nous finissons par trouver. Par sonner à sa porte.

— Entrez, crie Élisabeth.

Nous poussons la porte.

— Bonjour Élisabeth. Voulez-vous que je vous fasse une tasse de thé ?

Nous l'aidons à préparer un repas. Elle me demande de l'aider à enfiler son short. Avec beaucoup de précautions, je m'exécute.

— Apprendre à recevoir, voilà le plus dur, dit-elle. Je n'ai jamais appris à recevoir. Mais Dieu m'a mise dans une situation où je n'ai plus le choix. Je suis obligée de demander et d'accepter l'aide des autres.

Je l'installe dans son fauteuil roulant, je la pousse jusqu'à la salle de bains. Pendant qu'elle se lave le visage et les dents, je détourne les yeux pour ne pas la gêner.

Je la ramène dans la salle de séjour. Lori et moi nous asseyons en face d'elle.

— Allez-y, dit-elle. Posez vos questions.

Lori se racle la gorge avant de demander :

— Je suis en train d'écrire un livre. J'essaye de découvrir ce que veut dire être en possession de son pouvoir.

— C'est facile, ma chère, dit Élisabeth. Il suffit d'être qui l'on est.

Elle se tourne vers moi :

— Et vous, que voulez-vous me demander ?

À mon tour, je me racle la gorge.

— Croyez-vous vraiment à la vie après la mort ? N'avez-vous pas peur de mourir, au moins un tout petit peu ?

Élisabeth éclate de rire.

— Vous n'avez pas lu mes livres ? demande-t-elle. Il ne s'agit pas de croire. Je *sais* qu'il y a la vie après la mort. Mourir c'est facile. C'est vivre le plus difficile.

Nous lui disons au revoir. Élisabeth nous fait ce qu'elle appelle le geste d'ET – nous touchant du bout d'un doigt, toute autre forme de contact lui étant douloureux.

Je me penche vers elle pour lui murmurer à l'oreille : « Merci. Et bon retour chez vous. »

Apprendre. Apprendre. Apprendre encore. Chaque pas en avant

est une nouvelle leçon. Et quand on croit les avoir toutes reçues, la vie se charge de nous contredire.

Certaines leçons se présentent sous la forme de difficultés ponctuelles, de problèmes à résoudre. D'autres sont simplement liées au temps qui passe, au vieillissement. Et dans chaque catégorie de leçon se trouve un certain nombre de minileçons.

La peur est une leçon qui peut être amusante à apprendre. C'est pour dompter la peur que je me suis initiée au parachutisme. Le jeu est amusant à apprendre aussi – même si nous sommes un peu raides et contraints au départ. Pour certains, le défi consiste à arrêter de jouer pour se mettre à travailler. D'autres leçons sont beaucoup moins plaisantes. Elles font mal. Un deuil, un cœur brisé c'est une souffrance à la fois physique et affective qui peut durer longtemps, très longtemps. Se remettre de la perte d'un être cher peut prendre de deux à huit ans – parfois plus.

La culpabilité est ce qu'il y a de pire. C'est un sentiment paralysant et nous le refoulons si profondément que nous ne sommes même plus conscients de son existence. Mais il continue à envoyer des messages à notre conscience.

La culpabilité fonctionne comme un saboteur interne. Elle n'arrête pas de nous seriner : tu ne mérites pas ci ou ça, les gens vont te percer à jour, tu n'as pas le droit d'être toi-même. Elle peut même aller plus loin : tu ne mérites pas d'être heureux ; tu ne mérites pas de vivre. Elle est subtile et insidieuse. Même si nous réussissons à la faire taire, elle continue à nous observer d'un œil réprobateur.

Pour certains d'entre nous, la culpabilité n'est pas seulement l'occasion d'apprendre une leçon, mais une constante à travers toutes les épreuves que nous traversons. Notre vie est imprégnée de culpabilité.

Je trouvais intéressant ce concept de leçons infligées par la vie – jusqu'au jour où j'en ai fait moi-même l'expérience. J'ai attendu la fin de mes épreuves. Et j'ai effectivement eu des moments de répit, de plaisir, de détente. Mais la vie m'envoyait sans cesse de nouvelles leçons à apprendre.

« Très bien, me disais-je. Allons jusqu'au bout pour mériter la récompense, une part de gâteau, une part de rêve. » Dans le *Big Book of Alcoholics Anonymous*, Bill Wilson emploie les mots heureux, joyeux et libre. Je voulais en arriver là. Et chaque fois que je croyais la leçon acquise, intégrée, je me disais : « Ça y est, j'y suis enfin arrivée. » Jusqu'à la prochaine épreuve.

Lors d'un séminaire à Pasadena en 2001, le dalaï-lama a dit que tout le monde voulait la même chose – être heureux.

C'est aussi ce que veut la grande broyeuse, la roue de la vie, nous amener au bonheur et à la liberté. Et, comme au manège, on décroche souvent l'anneau de cuivre, mais ce n'est pas toujours ce qu'on croyait. Lentement parfois, ou en un éclair décisif, on comprend – quelle que soit la leçon à apprendre. À force d'attendre, on devient tellement patient qu'on oublie qu'on attend et ce qu'on attend. À force de vouloir tout contrôler autour de nous, on se fatigue et on finit par abandonner. Après des années de difficultés et de peur, on est submergé par la tolérance, le pardon et la compassion. Après s'être agrippé aux autres pendant des années, on se trouve finalement heureux et comblé de s'occuper de soi.

Après avoir été égoïste, oublieux des autres pendant des années, on apprend à donner. Ou bien c'est le contraire. Après avoir tout donné pendant des années, on s'autorise à être vulnérable et à recevoir, aussi.

Expérience. On fait des expériences, on acquiert de l'expérience. Il arrive des choses. On s'y trouve immergé. On y plonge. On les traverse. Submergé. Et puis on en sort. Transformé – ou pas. On peut être repris dans le mouvement de la roue, recommencer la même expérience, encore et encore, à des niveaux différents parfois, jusqu'à ce qu'on ait compris la leçon enseignée par la vie.

Une fois la leçon terminée, n'oubliez pas ce qu'elle vous a appris.
Vous en aurez besoin pour affronter la montagne numéro deux.

Quatrième partie

CRÉER LE PARADIS SUR TERRE

« Choisir ? Prendre des décisions difficiles ? me dit un jour un ami, ce n'est pas sorcier. Au départ, je faisais mes choix en fonction de ce qui était le mieux pour moi. Je veux dire que mes décisions étaient intéressées, compulsives. *Moi, moi, moi.* Plus tard, la chance aidant et aussi les années, j'ai fini par comprendre que la vie est paradoxale. Moins je suis centré sur moi, plus elle me fait de cadeaux.

« Tous les clichés sont vrais, poursuivit-il. Dis la vérité si tu veux ménager ta mémoire. On n'a rien pour rien. Quand on crache en l'air ça vous retombe toujours sur le nez. Si tu pars en quête de Dieu n'oublie pas d'emporter ton déjeuner. Aide-toi, le ciel t'aidera. »

En voyant les neuf montagnes brillantes et les quatre-vingt-dix-neuf pics de Jiuhua Shan – notre montagne sacrée numéro deux – le poète Li Bai a écrit : « Elles contribuent à maintenir la cohérence du monde et des cieux. »

— Je peux déjà dire que ce sera ma préférée, dit Joe lorsque le car s'arrêta dans le village tassé au pied du massif.

Je ne le savais pas encore, mais Jiuhua Shan serait ma montagne préférée à moi aussi.

Il pleuvait quand nous avons entrepris de monter les marches. Plus nous progressions, plus l'ascension devenait pénible. 1 342 mètres à gravir. Je concentrais mon attention sur chaque marche. L'escalier montait puis tournait et redescendait. « Aïe, me dis-je, chaque fois qu'on redescend, ça veut dire qu'il va falloir remonter. »

Nous avons grimpé pendant des heures avant de nous arrêter

pour nous reposer. La pente était raide maintenant. Comme une échelle dressée vers le ciel – verticale, avec des échelons étroits, espacés. Chaque pas demandait plus de concentration et d'énergie que le précédent.

Il surgit de nulle part – un homme mince chargé d'un fagot de bois. Son poids ne devait pas dépasser soixante-dix kilos, il n'avait pas l'air très fort, mais bien déterminé à porter une charge presque aussi lourde que lui – sinon plus.

— Pour temple en haut, nous dit-il en hochant la tête, avec un sourire.

Notre rythme et le sien s'accordèrent. Nous nous arrêtions aux mêmes haltes, nous reprenions l'escalier au même moment. Pendant une de ces haltes, Joe lui paya une banane et un soda.

— C'est le moins qu'on puisse faire, dit Joe. Je n'arrive pas à croire que vous portiez un poids pareil jusqu'en haut de cet escalier.

En approchant du sommet, j'admirais de plus en plus la force et la détermination de cet homme. J'étais exténuée, à bout de forces, vidée par l'ascension et par l'altitude. Chaque marche était une torture pour tous les muscles et toutes les fibres de mon corps. Et, pourtant, l'énergie nécessaire pour continuer m'était donnée.

À lui aussi.

Je contemplai la pile de factures que j'avais cachées dans un tiroir. À la suite de mon divorce, je me retrouvais avec cinquante mille dollars de dettes. Je gagnais huit cents dollars par mois et j'avais deux enfants à charge. Comment allais-je m'en sortir ? « – En décidant d'assumer tes responsabilités, me dit une voix silencieuse. En faisant de ton mieux. Un pas après l'autre. » Progressivement, j'éliminai les factures. Je discutai franchement avec mes créditeurs. À un certain moment, une force est venue me soutenir. Une dynamique s'est mise en place. Et j'ai atteint le sommet de ma montagne. Toutes mes dettes étaient payées.

Cette force fonctionne aussi à l'inverse. Lorsque j'étais alcoolique et droguée, je me demandais toujours comment j'allais me procurer la prochaine dose. En plein milieu de nulle part, dans un bled paumé du Minnesota, en 1969, j'arrivais toujours à trouver de la cocaïne, de l'héroïne – tout ce dont j'avais besoin pour continuer à planer.

Chaque fois que je faisais un choix, bon ou mauvais, le même mécanisme se mettait en place. Une force me conduisait et déterminait les événements nécessaires pour qu'un simple désir devienne réalité. Comme l'ascension de la montagne, ce processus pouvait être épuisant, me demander beaucoup, susciter des émotions puissantes. Mais, avec le recul, je vois que l'impossible devenait régulièrement possible à partir des choix que je faisais.

Je regardai l'homme arriver au sommet avec son énorme fagot sur le dos. *Les gens ordinaires peuvent accomplir des actes extraordinaires – bons ou mauvais – lorsqu'ils prennent une décision et progressent pas à pas.*

Arrivés en haut de la montagne, nous avons contemplé le paysage. Nous nous sommes reposés un moment. Avant de redescendre. Lorsque nous sommes arrivés au village, il faisait nuit. Dans une petite épicerie nous avons fait quelques provisions avant de rentrer au monastère où nous dormions. J'ai choisi trois articles – un paquet de biscuits, un bol de nouilles déshydratées et une banane. Le marchand a fait le total, l'a inscrit sur un bout de papier et me l'a tendu. J'ai calculé qu'en monnaie américaine l'homme me demandait vingt dollars. Vingt dollars pour des biscuits, une soupe et une banane ? Je discutai le prix. L'homme n'en démordit pas. J'étais à sa merci car c'était la seule boutique ouverte et je mourais de faim. J'ai reposé mes achats sur le comptoir en faisant signe que non et je me suis dirigée vers la sortie. Il s'est mis à crier et a inscrit un autre chiffre sur son papier. Maintenant, mes achats se montaient à 2,50 dollars. « Voilà qui va mieux », me suis-je dit.

Le lendemain matin de bonne heure, nous avons repris le car pour Wu-hu. Il était à moitié plein. Quelques voyageurs s'amusaient à observer le manège d'une femme qui se débrouillait pour que personne ne vienne s'asseoir à côté d'elle. Elle avait posé son sac sur le siège voisin du sien. À chaque arrêt, quand de nouveaux passagers montaient, voyant un siège vide ils s'approchaient d'elle, constataient qu'il était occupé par son sac et allaient s'asseoir ailleurs. Elle ne les regardait même pas. S'ils s'attardaient, elle montrait simplement du doigt son sac, comme pour dire : « Inutile d'insister, ce siège est occupé. »

À la fin, il ne restait pas d'autre place libre dans le car. Une fillette de treize ans à peu près monta. Jolie, elle portait un jean et des baskets dernier cri. Elle dégageait beaucoup de douceur, d'innocence. Elle se dirigea vers le siège inoccupé et s'arrêta. La dame lui montra son sac pour signifier qu'elle ne pouvait pas s'asseoir. Désorientée la fillette ne bougea pas, attendit.

Le chauffeur du car avait évidemment observé le manège. Il gara son véhicule, se leva, s'approcha de la dame, attrapa son sac et le déposa sur ses genoux. Puis il fit signe à la fillette de s'asseoir.

Les passagers applaudirent. La femme prit un air gêné, mal à l'aise. À l'arrêt suivant, elle descendit du car.

À mesure que nous nous éloignions du village, je sentis la tristesse m'envahir. En arrivant à Wu-hu, j'étais carrément nerveuse, déprimée. Cela m'étonna car si j'avais ressenti quelque chose à Jiuhua, c'était si subtil que je ne l'avais pas remarqué, sinon par contraste avec mon état présent.

« C'est bien ça, me dis-je. L'excursion à Jiuhua était comme un séjour au paradis. Maintenant que je suis redescendue sur terre, je regrette la sensation que je trouvais tellement naturelle là-bas. Ce que disait le guide était vrai : l'air était imprégné d'une spiritualité palpable. Ce cafard, cette lourdeur, cette nervosité, c'est le vide que l'on ressent lorsqu'on s'éloigne de Dieu. »

Manipulation. Mensonges. Escroqueries. Tout le monde est avide de posséder. Les gens se trahissent. On se trahit aussi, parfois, en trahissant les autres.

Les êtres humains peuvent être si aimables, si gentils. Ils peuvent aussi être carrément méchants.

Il y tellement de pesanteur sur cette terre.

Il est tentant de regarder autour de soi et de se dire : « Prudence. N'agis que pour toi et les tiens. » Ou bien, prenant conscience du vide qui est en nous, croire en voyant une publicité pour une nouvelle voiture : « Tiens, voilà de quoi me combler, me rendre heureux. »

Ce que nous voulons réellement, ce n'est pas davantage d'objets ou une nouvelle aventure. Comme l'a dit le rabbin Philip S. Berg, nous voulons que nos relations, notre travail et nos biens participent à notre bonheur.

Nous voulons que nos choix nous comblent.

Toutes les religions du monde, tous les programmes spirituels que j'ai pu étudier, approcher ou pratiquer ont adopté cette même vérité : la meilleure façon de s'éloigner du paradis c'est d'agir exclusivement pour soi – désirer de plus en plus de tout, sans penser aux autres. Que l'on qualifie cette conduite d'intéressée, d'égoïste ou de narcissique, elle procure toujours aussi peu de bonheur.

Ne me croyez pas sur parole. Faites vous-même l'expérience. Par exemple, allez au supermarché, achetez tout ce qu'il faut pour un repas de fête, farcissez la dinde, épluchez les légumes, préparez une bonne sauce, faites un gâteau. N'oubliez pas le vin. Puis mettez-vous à table et dégustez votre dîner – tout seul.

Quelle fête ! n'est-ce pas ?

Maintenant, invitez des parents, des amis – et même quelques inconnus, pourquoi pas ? Des gens qui sont seuls, fatigués, pauvres, affamés. Invitez-les à partager votre festin. Parlez avec eux. Riez. Intéressez-vous vraiment à eux.

Vous voyez ce que je veux dire ?

C'est la manière ancienne. Elle existe depuis toujours. Si vous réfléchissez à votre vie en vous demandant pourquoi vous n'avez pas assez, plus ou mieux – sachez que le secret consiste à penser aux autres.

Dans cette quatrième partie, nous verrons comment certains individus ont fait des choix qui, tout en servant les autres, manifestaient un vrai respect d'eux-mêmes. Les intentions sont des forces puissantes. Nous pouvons réagir à la misère et à la haine ambiante en devenant égoïstes, méchants, intéressés, mais nous pouvons aussi décider d'agir dans le sens de l'amour, devenir des causes d'amour.

C'est en prenant cette difficile décision
que nous créerons le paradis sur terre.

1

Elle a eu du mal à se décider

Brenda parcourut toute la longueur du couloir en regardant les photos accrochées aux murs. Le gouverneur de l'État félicitant le président de l'association. Trois membres du personnel sur une estrade avec des célébrités. Poignées de main. Plaques et coupures de journaux vantant les mérites de cette admirable organisation humanitaire.

« Quelle imposture ! se dit Brenda en s'asseyant à son bureau. Si les gens savaient... »

« Tout le monde arrondit ses fins de mois, lui avait dit son patron. Pas de quoi en faire une histoire. C'est une forme de dédommagement quand on travaille dans l'humanitaire. Avec tout le mal qu'on se donne, on mérite bien une petite récompense. »

Brenda remplissait les chèques de « dédommagement » depuis plusieurs mois maintenant. C'était son boulot. « Ce serait tellement plus facile si j'étais une étrangère, quelqu'un qu'ils auraient engagé sans la connaître, pensa-t-elle. Le problème c'est que ces gens qui se servent dans la caisse sont mes amis. »

Elle avait essayé de détourner les yeux. Mais ce jour-là elle regardait la situation bien en face. Un client l'avait prise à part pour se plaindre de la nourriture que l'association lui servait.

— J'en ai marre de cette pâtée informe, Brenda, dit-il. J'ai tout le temps faim. Qu'est-ce qui se passe ? Pourquoi ils ne nous nourrissent pas correctement ici ?

Brenda n'avait su que répondre. À l'intérieur, elle bouillait littéralement. Si les clients mangeaient mal c'est parce que les patrons s'engraissaient. L'argent prévu pour une action changeait de destination. Son regard se posa sur le téléphone. Si elle décrochait, si elle informait les autorités concernées, l'association serait dissoute. Elle perdrait sa place – et il y avait longtemps qu'elle voulait faire ce travail. Ses amis perdraient leur place aussi. Ils risquaient de ne plus jamais travailler dans l'humanitaire. Si elle n'appelait pas, l'association poursuivait son travail dans le monde entier, un travail parfois valable, bénéfique.

Elle aurait voulu continuer à ne rien voir, à ne rien ressentir. Mais elle bouillait d'une telle colère qu'il fallait faire quelque chose. Les clients avaient besoin de l'association pour s'en sortir tant qu'ils étaient là ; c'étaient des adultes vulnérables.

Elle ouvrit l'annuaire, trouva le numéro. Elle avait les mains moites quand elle décrocha le téléphone.

« J'aimerais parler à quelqu'un du service des autorisations d'exercice, dit-elle. Je travaille pour une association humanitaire et il y a un problème interne dont je voudrais vous informer – un problème qui mérite sans doute une enquête. »

En raccrochant le téléphone, elle se sentait toujours coupable et angoissée. Toutes sortes d'inconnues l'attendaient – son travail, son avenir, ses relations avec ses amis. Mais curieusement un sentiment dominait tous les autres. La sérénité. Pour la première fois depuis des mois, elle passa une bonne nuit.

L'avenir promettait de ne pas être facile, mais, au moins, elle était en accord avec elle-même.

Sommes-nous responsables ou pas ? Quelle est notre position ? Qu'est-ce qui est juste ? Injuste ? Jusqu'à quel point devons-nous nous impliquer ? Quelle voie choisir ? La réponse n'est pas évidente. Mais il y a certainement quelque chose de pire que le reste.

C'est pourquoi certaines décisions sont difficiles à prendre.

2

En plein champ de bataille il a trouvé la paix

Assis à la table familiale, Martin contemplait le champ de bataille.

Sa propre fille criait à la femme qu'il allait épouser : « Tu n'es pas ma mère. Tu n'as pas à me dire ce que je dois faire. »

La fille de sa fiancée le regardait méchamment.

Martin et sa fiancée se regardaient sans aménité.

C'était un échec patent. Il avait fait des efforts pour établir de bonnes relations entre tout le monde, sans résultat. Sa gosse. Ma gosse. Deux camps ennemis. Il n'en pouvait plus. Il n'avait pas besoin de ça dans sa vie.

« Tout était tellement simple lorsque j'étais seul à élever ma fille, lorsque j'étais père célibataire, pensa Martin en se levant de table. Là, c'est vraiment trop compliqué. Histoires de famille, querelles de famille qui n'ont rien à voir avec moi. Tout ce que je veux c'est retrouver la paix et la tranquillité d'antan. Vivre comme avant. »

Il regarda sa fiancée qui débarrassait la table. « Le problème, c'est que je l'aime vraiment », se dit-il.

Il prit sa veste et sortit.

Au cours de sa longue promenade, sans plonger profondément en lui-même, il fit une simple prière. « Il semble que je n'aie pas trente-six solutions, Seigneur. C'est soit vivre au milieu d'un champ de bataille, soit perdre la femme que j'aime. »

Le choix lui semblait évidemment inacceptable.

Il rentra chez lui. Aida sa fiancée à finir la vaisselle et le rangement, l'embrassa sur les deux joues et dit qu'il allait se coucher.

Elle lui dit bonsoir ; elle rentrait chez elle. Une tension palpable s'était installée entre eux. Il savait qu'il n'était pas le seul à souffrir. Celle qu'il aimait souffrait aussi. Ce fut un réel soulagement de se dire : « je ne sais pas quoi faire. »

Cette nuit-là, il resta longtemps éveillé, à réfléchir. Il avait surmonté des épreuves difficiles dans sa vie. Se libérer de l'alcool, changer de vie. Divorcer. Il était maintenant à la tête d'une société importante. Écouter les autres, les aider à résoudre leurs problèmes était une de ses fonctions quotidiennes. Mais il n'arrivait pas à trouver la moindre solution aux problèmes posés par ceux qu'il aimait.

Martin réfléchit à la façon dont il avait vaincu ses difficultés dans le passé. Existait-il un dénominateur commun aux solutions qu'il avait trouvées pour y parvenir ? Effectivement il en trouva deux. Ou peut-être trois. S'impliquer à fond. Laisser tomber. Trouver un moyen d'aider les autres là où il s'impliquait à fond.

Il lui vint une idée, une chose à laquelle il n'avait pas pensé.

Avec du temps, de la volonté et de l'énergie, cela pourrait marcher.

Le lendemain il appela sa fiancée à son travail.

L'idée lui plut.

Trois mois plus tard, ils dirigeaient un groupe informel de soutien aux familles recomposées en difficulté. Une réunion sur deux étant ouverte, les enfants pouvaient y participer. Le groupe se réunit pendant plus de deux ans. Il donnait aux familles le temps et l'espace nécessaires pour exprimer toutes sortes de sentiments et pour s'aider mutuellement à évoluer.

Martin est marié à la femme qu'il aime depuis douze ans. « Je ne savais vraiment pas si mon idée marcherait, dit-il, mais le fait d'ouvrir la porte pour d'autres – de les aider – m'a permis d'apprendre comment franchir moi-même cette porte. »

Tenir la porte aux autres pour leur permettre de passer n'est pas une idée nouvelle. Elle est à la base d'associations comme les Alcooliques anonymes et autres groupes de soutien mutuel.

La vie est meilleure lorsqu'elle est partagée. Et les problèmes personnels font partie de la vie. Dans ces groupes, on entend parfois dire des choses auxquelles on n'avait pas pensé. On découvre ce qu'on vit sous un angle nouveau. Et quand les autres disent ce qu'ils ressentent, c'est rassurant, ça aide à continuer. On se sent moins seul et on s'accepte plus facilement.

Dans ces réunions, on puise le courage, la force et l'inspiration qu'on ne trouve pas dans la solitude.

L'autre jour, dans un café, j'ai rencontré un de mes amis qui a choisi de s'investir dans un de ces groupes. Il discutait avec un homme qui n'en faisait pas partie et n'en voyait apparemment pas l'intérêt. Mon ami s'efforçait de lui expliquer pourquoi il restait dans le groupe afin de s'occuper des nouveaux venus.

— Je ne fais pas ça pour changer leur vie, dit-il, mais pour changer la mienne. Quand je les aide, je me rends compte que je leur donne les conseils dont j'ai besoin moi-même.

L'entraide a quelque chose de magique. Le groupe a quelque chose de magique.

Si nous voulons en profiter, il faut savoir donner de soi-même.

Choisir le moindre mal
n'implique pas forcément de choisir entre deux solutions.
Il y en a parfois une troisième : demander à Dieu
de nous montrer le chemin.

3

Jouez hautbois, résonnez musettes

Marlyn déposa le dernier paquet sous le sapin puis recula pour admirer son œuvre. L'arbre mesurait presque deux mètres et abritait sous ses branches une multitude de présents colorés. Elle espérait que la fête de Noël serait réussie, cette année. Dieu avait été bon pour elle. Elle avait une jolie petite fille et – elle se caressa le ventre – un autre enfant en route. Elle habitait une belle maison. Toute sa famille était en bonne santé. Son mari avait un bon métier, assez lucratif pour qu'elle n'ait pas à travailler. Elle pouvait rester chez elle et s'occuper de son enfant à temps plein.

Dans l'ensemble, elle se sentait privilégiée.

Elle ne savait pas pourquoi il s'était senti obligé de parler. Elle aurait beaucoup mieux vécu sans connaître les détails. Mais un jour il avait eu ce besoin irrépressible de lui avouer qu'il avait eu une aventure pendant une période où leur couple était en crise. Ils avaient suivi ensemble une thérapie, mais les choses n'étaient plus comme avant.

Pour toutes sortes de raisons, elle avait décidé de rester. Elle ne voulait pas détruire leur famille. Et elle aimait son mari. Elle voyait en lui non seulement son amant mais son meilleur ami. Ils avaient encore des moments formidables depuis l'incident. Il leur arrivait aussi de se disputer sans raison. Pour des riens. Ils savaient tous les deux cependant que la cause profonde de ces disputes était cette aventure.

Elle avait donc choisi de ne pas le quitter. Et elle ne se considérait pas comme une victime. Elle essayait sincèrement d'oublier ce qui s'était passé. C'était difficile, cela demandait beaucoup d'efforts. Lorsqu'elle le regardait, elle se sentait parfois déborder d'amour. Mais d'autres fois elle avait l'impression de voir un étranger. « Qui est cet homme ? se demandait-elle. Est-ce que je connais seulement la personne qui dort à côté de moi toutes les nuits ? »

Elle craignait qu'il recommence.

Cette angoisse la rendait parfois méchante.

Devant son arbre de Noël, elle hésitait entre satisfaction et apitoiement sur elle-même. Soudain, l'image du vieil homme qui habitait à trois maisons de chez eux lui traversa l'esprit. « Ai-je vraiment la force de m'occuper de quelqu'un d'autre que de mon enfant et de moi-même ? » Après avoir débattu intérieurement de cette question, elle alla dans la cuisine, mit son tablier et s'affaira pendant deux heures.

Lorsque les biscuits furent prêts, elle les emballa dans une boîte étanche qu'elle noua d'un ruban rouge. Et elle demanda à une voisine de garder sa fille pendant un moment.

Elle prit son paquet de biscuits et s'en fut sonner chez son voisin. Par l'interphone, elle dit son nom. Elle savait qu'il ne viendrait pas ouvrir. Il ne sortait plus de son lit.

— Puis-je vous faire une petite visite ? demanda-t-elle.

— Bien sûr » s'exclama-t-il.

Elle lui tendit les biscuits – c'étaient ses préférés – puis s'installa sur une chaise près du lit. Il parla de ses enfants. Il avait trois grandes filles.

— Je ne les vois pas très souvent mais c'est bien comme ça, dit-il. Elles ont leur vie. Je sais ce que c'est. Mais le jour de Noël elles viennent me chercher pour m'emmener chez elles.

Ils parlèrent de ses petits-enfants, du plaisir qu'il avait à s'entendre appeler papy.

Puis il évoqua le souvenir de sa femme.

Elle était morte sept ans auparavant. Depuis lors, il vivait seul. Il ne croyait pas à ce qu'il considérait comme une absurdité, la vie après la mort. Il se sentait seul et triste parce qu'il était persuadé qu'il ne reverrait jamais sa femme.

Marlyn n'aimait pas l'entendre parler comme ça. Elle croyait fermement à la vie après la mort. Ils en avaient déjà discuté tous les deux. Mais elle se mordit les lèvres et le laissa parler. Elle était là pour le réconforter, pas pour le convertir à ses façons de voir.

Le thé, les biscuits et la conversation aidant, deux heures passèrent. Voyant qu'il commençait à se fatiguer, Marlyn comprit que c'était le moment de partir.

— Joyeux Noël, lui dit-elle.

Elle rentra chez elle. Ses problèmes étaient toujours entiers. Elle ne savait toujours pas comment la situation allait évoluer. Elle risquait d'être à nouveau trompée. Mais elle marchait d'un pas plus léger. Et son visage était détendu, souriant. Ce n'était pas si difficile d'échapper au tourbillon de pensées qui la rendaient folle.

Elle prit un CD et le posa sur la platine.

L'*Hymne à la joie* retentit dans toute la maison.

Je ne suis pas assez naïve pour croire qu'il suffit de faire des biscuits et de les offrir à son voisin pour résoudre ses problèmes de couple – ou tout autre problème, d'ailleurs. Et il y a des gens qui ont intérêt à se retenir de donner parce que leur générosité compulsive a failli gâcher leur vie.

On ne sait pas toujours comment va évoluer une situation. Il faut parfois du temps – beaucoup de temps – pour que les problèmes relationnels se résolvent. Et il peut être difficile de se libérer des soucis qui nous obsèdent. Mais l'une des meilleures solutions pour éviter de se demander quand et comment on va être amené à souffrir encore c'est de s'oublier pendant un moment et de faire plaisir à quelqu'un d'autre.

Lorsque vous faites un cadeau,
ne donnez pas quelque chose qui vous plaît
mais quelque chose qui plaira à celui *ou à* celle *qui le recevra.*

4

Il a beaucoup donné et beaucoup reçu

Entre eux, il n'y avait eu qu'une brève aventure. Deux semaines tout au plus. Depuis, il ne l'avait pas revue. Il ne savait même pas pourquoi il l'appelait, ce jour-là. Une intuition peut-être.

— Comment ça va ? lui demanda-t-il.

— Très bien, répondit-elle. Je sors tout juste de l'hôpital.

— L'hôpital ? Qu'est-ce que tu as ?

— Je viens d'avoir un bébé.

Jerry sentit la chair de poule envahir son corps à mesure qu'il faisait le compte à rebours. Lorsqu'elle le lui dit, il le savait déjà. Ce bébé était de lui.

Il raccrocha le téléphone, fit les cent pas dans sa chambre, puis sauta dans sa voiture et se rendit chez elle. En voyant le bébé, il sut que c'était son fils.

Il le prit délicatement dans son berceau et l'embrassa du sommet du crâne à la plante des pieds.

— Je voulais me l'approprier, expliqua-t-il.

Il eut du mal à entrer dans son rôle de père. Au début, il leur rendait simplement visite, sans s'attarder très longtemps. Mais, grandissant, il commença à passer avec lui le plus de temps possible – trois ou quatre jours par semaine.

— Je regrette que mon fils ait des parents séparés, dit-il. Mais je peux lui donner plus que de l'argent. Je peux lui donner du temps, de l'énergie et beaucoup d'amour.

À vingt et un ans, Jerry était déjà un sage. Il avait compris l'un des secrets les plus importants de la vie : plus on donne, plus on reçoit. Qu'il s'agisse du travail, des loisirs ou des relations humaines, on ne retire d'une situation que ce qu'on y a investi.

Un jour, je discutais avec une jeune femme qui venait de passer des moments difficiles avec son premier enfant – sollicitée jour et nuit pendant plusieurs mois. Pourtant elle s'efforçait de trouver du temps pour son travail et se demandait s'il existait des livres expliquant aux jeunes mères comment s'organiser et garder du temps pour elles.

— Mais j'ai compris quelque chose, me dit-elle. Toute cette énergie, ces réveils plusieurs fois par nuit, cette bagarre pour apprendre tout ce que doit faire une mère m'ont liée à cet enfant d'une façon incroyable.

Vous démarrez quelque chose de nouveau ? Un métier ? Un projet ? Vous n'êtes pas pleinement satisfait par votre vie de couple, par votre activité professionnelle ? Il se peut, bien sûr, que vous n'ayez pas choisi le partenaire qu'il vous faut. Et, si vous n'aimez pas votre travail, il conviendrait peut-être d'en changer. Mais si vous êtes là aujourd'hui, pourquoi ne pas essayer d'aborder les choses autrement ?

Mettez un peu plus de vous-même dans tout ce que vous faites.

5

Un généreux pourboire

Leslie regarda la pendule. Ouf. Son service au restaurant était presque terminé. Elle apporta la note aux deux dernières tables, plaisanta quelques secondes avec les clients puis alla dans l'arrière-salle.

C'était l'heure de rentrer chez elle. Pas tout à fait. Elle avait un deuxième emploi. Mais au moins elle en avait terminé avec le restaurant pour aujourd'hui.

Pas facile d'organiser son emploi du temps depuis l'hospitalisation de sa fille. Il y avait plus d'un mois, maintenant. Les médecins ne savaient pas si elle allait s'en sortir. Pour le moment, la greffe de moelle osseuse semblait prendre, mais Leslie le savait : on ne peut jamais être sûr.

L'ami de Leslie, Eddy, était très gentil. Il était là pour elle et aussi pour ses enfants. Mais il gagnait peu d'argent. Et ce n'étaient pas ses enfants. Elle se regarda dans la glace. Quelques kilos de trop. Et alors ? En ce moment, la nourriture était à peu près sa seule compensation.

Elle traversa la salle du restaurant pour s'en aller. Son patron lui fit un signe. Elle s'approcha de lui. Mon Dieu, qu'elle était fatiguée. Elle ne s'en rendait compte, certains jours, que quand elle était sur le point de s'écrouler. Son patron était un bon patron. Il lui laissait beaucoup de flexibilité. Il traitait bien ses employés.

Elle lui sourit.

— Quelqu'un a laissé ça pour toi, lui dit-il. Je ne sais pas ce que c'est.

Il lui tendit une enveloppe. Elle avait la taille d'une carte de vœux. Elle se demanda ce que ça pouvait être. « C'est la Saint-Valentin aujourd'hui, il s'agit sûrement d'une carte adressée par un client », se dit-elle. Elle fourra l'enveloppe dans son sac, rentra chez elle et se plongea dans un bain chaud. Elle avait deux heures pour se reposer.

Leslie se fit du café. Et elle se rappela l'enveloppe. Elle l'ouvrit. Il en tomba quinze billets de cent dollars.

Sur la carte, le message était simple : « Nous savons que vous avez des difficultés en ce moment. Gardez le sourire, restez la personne charmante que nous connaissons. Et surtout, gardez confiance en Dieu. Joyeuse Saint-Valentin, des clients du restaurant. »

Je venais de terminer mon intervention, à Washington, lorsqu'une femme leva la main.

— Madame Beattie ! Madame Beattie ! dit-elle. Je découvre tout juste ce que veut dire se prendre en charge soi-même et j'ai un doute. Voulez-vous dire qu'il faut s'occuper de soi jusqu'à ce qu'on rencontre quelqu'un qui le fasse à notre place ?

Dans l'assistance, des rires fusèrent.

— Humm, non, répondis-je. Mais je sais ce que vous voulez dire. En fait, je dirai que s'occuper de soi c'est le travail de toute une vie.

Je me revois encore, couchée à côté de mon mari (aujourd'hui ex-mari), contemplant le plafond, consciente d'avoir un problème mais ne sachant pas lequel. Vous connaissez l'histoire de ces gens qui jurent avoir vu la Vierge Marie ? Sur le mur d'un métro, sur le sol d'un parking, ils ont remarqué une tache et cette tache a pris l'apparence de la sainte ? Eh bien, plus je regardais cette tache au plafond, plus elle ressemblait à Jésus. C'était idiot, je le sais. Mais sur le moment, je me suis demandé pourquoi Dieu me paraissait si lointain, pourquoi Dieu me laissait toute seule comme ça.

Il m'a fallu encore des mois et des années d'épreuves pour comprendre que Dieu ne m'avait pas abandonnée.

C'était moi qui m'étais abandonnée.

J'ai parfois l'impression qu'on voit ce qu'on a besoin de voir pour passer à l'étape suivante.

J'avais tellement donné, à tellement de gens. Je me sentais tellement coupable de tout ce que j'avais fait de mal. Je ne savais pas comment dire non sans ajouter à la culpabilité que je ressentais déjà. Et je ne voulais surtout pas blesser quiconque, ni monter quiconque contre moi. J'étais déjà bien assez en révolte contre moi-même.

Je comprenais encore mal cette notion du don. J'étais en cure de désintoxication. Toute ma vie j'avais été égoïste, confuse, centrée sur moi-même. Et je considérais comme un progrès de penser enfin à quelqu'un d'autre.

Mais je donnais tellement, et de façon tellement compulsive, que ça s'est retourné contre moi. Enfin, pas vraiment. Ça m'a aidée à guérir de mon addiction. Mais ça m'a envoyée directement chez les Alcooliques anonymes. Il y a une façon de donner et de servir qui est bonne. Et il y a une façon de donner qui ne l'est pas.

Pendant un temps j'ai dû renoncer à donner. J'avais besoin d'apprendre la différence entre donner comme *réaction* et donner comme *action*. Et j'avais besoin d'apprendre à m'occuper de moi-même.

Quand j'étais petite, je n'avais pas le droit de dire non. En tant qu'adulte il a fallu que j'apprenne. Il a fallu que j'apprenne à me défendre, à me faire respecter, à reconnaître quand on me mentait, quand on me manipulait, à comprendre que si Dieu pouvait accomplir pour moi ce dont j'étais incapable, je devais au moins faire ma part.

Lorsque mon livre *Codependant No More* a eu du succès, un tas de gens se sont mis à attendre beaucoup de moi. Moi la première. Mais je n'étais pas à la hauteur. Je n'étais qu'une simple journaliste, autodidacte. Et je n'avais rien fait d'autre qu'exposer un certain nombre d'idées qui m'avaient rendu service.

J'avais toujours été si pauvre que le succès de mon livre changea radicalement mon style de vie, m'apportant surtout des *choses matérielles*. Je pouvais payer mes factures, m'acheter une nouvelle voiture si je voulais, renouveler ma garde-robe. Et je pouvais aussi donner davantage aux autres.

L'inconvénient c'est que beaucoup de gens, voyant que j'avais de l'argent, se sont demandé : « Pourquoi elle et pas moi ? » Moi aussi, je me suis posé la question. Ce n'est pas seulement en cas de drame qu'on se demande : « Pourquoi moi ? »

Je ne sais pas pourquoi j'ai eu la chance de gagner autant d'argent. Je ne sais pas pourquoi j'ai pu me libérer de l'emprise de la drogue alors que tant d'autres n'y arrivent pas. Je ne sais pas pourquoi mon fils a dû mourir.

Je ne sais pas pourquoi je suis encore en vie.

Mais en chemin j'ai au moins appris ceci : il est très facile de se persuader que des objets, une relation, une belle maison vont nous rendre heureux. Ne vous méprenez pas, je connais la valeur de tout cela. Mais ce n'est pas le fait de posséder des biens qui m'a rendue heureuse. Jamais. Les seules *choses* qui aient rempli mon cœur d'un sentiment de joie durable c'est de me sentir aimée par Dieu, d'ouvrir mon cœur et d'avoir pris le risque d'aimer.

Après la mort de mon fils je ne tenais plus à la vie. Je ne tenais plus à savoir si le travail que je faisais aidait les autres ou non. J'avais peut-être besoin de me retirer du monde pendant un moment. Un soir, dans le New Jersey, je devais prendre la parole après Deepak Chopra. Quand mon tour arriva, il faisait très chaud dans la salle, il était tard. Je suis montée sur l'estrade, j'ai regardé la mer de visages qui me faisait face. La seule chose, la seule chose que j'avais dans le cœur et envie de dire c'était : « Il y a des moments où la vie est vraiment moche. »

J'étais incapable de faire semblant. J'avais sans doute quelque chose à apporter aux gens, mais il me restait si peu d'espoir. J'ai regardé l'assistance et j'ai dit : « Il est tard. Je n'ai pas grand-chose à dire. Je vais rentrer à l'hôtel et me coucher. »

Je ne croyais plus au bonheur. Je ne serai sans doute jamais heureuse d'avoir perdu mon fils et je ne comprendrai jamais *pourquoi* il est mort. Mais si je raconte cette histoire et les autres épreuves que j'ai traversées, c'est pour dire qu'à la suite d'un coup dur, lorsque j'étais prête à revenir à la vie, la seule façon d'y arriver c'était de donner et de servir.

En ce qui vous concerne, vous avez peut-être besoin d'arrêter de donner pendant un temps. Vous avez peut-être envie que quelqu'un s'occupe de vous. Cela m'arrive aussi. Mais, si je cède à la tentation, c'est toujours brièvement. Il est possible de se respecter soi-même et de servir en même temps. Il est possible de transposer une attitude de service dans tout ce que l'on fait.

Je déteste me sentir vulnérable. Cela veut dire que quelqu'un va profiter de moi avant que j'aie compris ce qui m'arrive. Cela veut dire, parfois, que j'ai intérêt à rester tranquille le temps de digérer ma souffrance. Cela veut dire, pourtant, et même si la vie est vraiment moche, qu'il faut garder le cœur ouvert, continuer à donner, à servir, parce que c'est une qualité que nous avons acquise.

Les gens ordinaires sont capables d'actes odieux. Mais Dieu peut aussi se servir de gens ordinaires n'ayant qu'un minuscule désir de pureté dans le cœur pour accomplir un formidable travail juste et bon. Je suis obligée de prier pour que mon cœur reste ouvert car dans ce monde le refermer est la chose la plus naturelle qui soit. Il y a tant de pesanteur sur terre – tant de gens qui provoquent par leurs actes des souffrances inouïes. Je suis obligée de prier pour aimer mon prochain. Je suis obligée de prier pour être gentille. Cela ne me vient pas spontanément. Mais c'est un choix que tout le monde peut faire.

« Il faut tenir la porte ouverte aux autres, Melody, me dit mon ami Dan Cain. Nous n'en serions pas là si quelqu'un n'avait pas tenu la porte pour nous permettre de passer.

C'est aussi simple que cela. »

Voyons maintenant ce que nous pouvons apprendre de la montagne sacrée numéro trois.

Cinquième partie

LES OPPOSÉS S'ATTIRENT

Connaissez-vous ce jeu que l'on appelle les menottes chinoises ? Il s'agit d'un piège pour les doigts, une petite tige de bambou d'une douzaine de centimètres de long. Le jeu consiste à enfoncer un doigt dans chaque extrémité du tube et à essayer de les dégager. Que se passe-t-il ? Instinctivement, on tire des deux côtés vers l'extérieur. Et on reste coincé. Plus on tire, plus le bambou s'allonge et se resserre autour des doigts qui demeurent prisonniers. On est piégé par un simple morceau de bois.

La plupart des gens commencent à paniquer. Au lieu de réfléchir à ce qu'ils peuvent faire pour se libérer, ils continuent à obéir à ce que leur commande leur instinct – tirer, tirer de plus en plus fort – même si cela ne sert à rien.

Ce ne sont pas les menottes chinoises qui nous retiennent prisonnier. C'est notre réaction. Peur et instinct de survie nous piègent complètement jusqu'à ce que notre cerveau se décide à trouver une autre solution.

Pour se libérer, il ne suffit pas de se détendre et de rester tranquille. Il faut faire quelque chose – le contraire de ce que nous dicte notre instinct. Il faut pousser vers le centre et, sans forcer, dégager ses doigts en douceur.

Une fois qu'on connaît le truc, on ne peut plus se laisser avoir. Bravant son instinct, sa peur, on fait le bon choix.

Chaque fois que je me laisse piéger par mes émotions, je me rappelle ce que m'a dit mon ami Michael : « Pense au truc des menottes chinoises. Calme-toi et fais le contraire de ce que tu as envie de faire. »

Wutai Shan, notre troisième montagne sacrée, se composait de cinq pics rocheux disposés autour du village de Thaihuai.

— On pourrait rester ici un mois et les escalader tous, dit Joe. Qu'en penses-tu ?

Je secouai la tête.

— Pas question. On va louer une jeep. L'effort a du bon, j'en conviens, mais de temps en temps on peut aussi profiter des avantages qu'offre la technologie.

Nous eûmes une brève discussion. Puis nous prîmes le chemin des sommets en jeep. La température, tout en haut, était en dessous de zéro. Un vent glacial transperçait nos vêtements. J'étais en anoxie – j'avais la tête vide, le souffle court – à cause de l'altitude. Les temples étaient beaux mais je commençais à m'en lasser. Nous en avions déjà visité... dix, vingt, peut-être plus.

Les monastères de la région étaient si nombreux que, pour les voir tous, il fallait être soit profondément bouddhiste, soit passionné d'architecture, disait notre guide. Je n'étais ni l'un ni l'autre.

— Je crois que j'en ai assez vu, dis-je.

— Moi aussi, avoua Joe.

Nous avons donc passé la journée à nous balader dans la nature, tranquillement, en admirant la beauté du site. J'ai regardé un vieil homme récolter son blé. J'ai ôté mes chaussures et marché dans l'eau d'un ruisseau.

J'ai été surprise de constater à quelle vitesse je retrouvais mon équilibre. Je ressentais au contact de la nature un sentiment que la visite des temples avait fini par estomper. Je retrouvais le divin.

« C'est ça, me dis-je. C'est le mouvement du yin et du yang. Le cercle de la vie passe perpétuellement du noir au blanc. Quand on a fait quelque chose jusqu'à l'excès, on s'en fatigue. On est poussé vers l'autre extrême jusqu'à ce que l'équilibre soit rétabli. »

« Je ne peux vivre que dans la dualité, me dit un jour une amie. Par exemple, si je suis heureuse, immédiatement je me mets à avoir peur parce que je sais que mon bonheur ne va pas durer. »

Je voulais lui expliquer ce que j'avais appris. Je ne l'ai pas fait. C'est une chose complexe et je ne connais pas suffisamment les mystères de la vie. En outre, je n'aime pas sermonner les gens, je préfère les voir apprendre par eux-mêmes. Mais je peux dire ceci : le jour et la nuit sont des opposés, pourtant ils appartiennent à une même réalité, notre cycle circadien. L'un est nécessaire pour définir l'autre, pour donner à l'autre son sens et sa forme.

Il y a longtemps, une femme m'a prise à part pour me dire :

« Vous allez découvrir ce qu'est la joie. Je le sens dans mes os. Le moment est venu. » Cela m'a fait très plaisir, je me suis mise à énumérer mentalement toutes les bonnes choses qui pouvaient m'arriver. Allais-je rencontrer le grand amour ? connaître un succès sans bornes ? des jours dorés ? la fin des tensions au sein de ma famille ?

Une semaine plus tard, mon fils Shane mourut. Bouleversée, anéantie, complètement perdue, je m'enfonçai dans mon chagrin.

Comment cette femme avait-elle pu me dire une chose pareille ? C'était vraiment cruel – une ironie du sort, un sale tour joué par l'univers. Quelqu'un, une personne en qui j'avais confiance, m'avait approchée, regardée dans les yeux et annoncé que j'allais découvrir ce qu'était la joie. « Quelle farce ! me disais-je, un bel exemple d'humour noir. »

Onze ans après la mort de Shane, je me rappelai cette conversation. Je n'en voulais plus du tout à cette femme pour ce qu'elle m'avait dit. J'en ris. Elle avait raison. Les leçons n'arrivent pas toujours sous la forme où nous les attendons. L'univers nous propose souvent le contraire de ce que nous allons apprendre.

Il nous envoie une situation où nous désirons nous attacher le plus fortement possible pour apprendre le non-attachement, le lâcher-prise. Il nous envoie une trahison, une situation qui nous blesse et nous met en rage pour nous apprendre à pardonner. L'opposition circulaire du yin et du yang est une excellente manière d'être enseigné, une fois qu'on a compris comment elle fonctionne. Et ce n'est pas aussi compliqué qu'il y paraît.

Ce mouvement circulaire concerne aussi nos comportements. Un excès de travail nous fatigue, et nous avons besoin de repos, de loisirs. Après avoir trop donné aux autres, il faut apprendre à recevoir. Nous pouvons aussi nous inspirer de ce mouvement lorsque nous sommes confrontés à des situations difficiles. En discutant avec quelqu'un qui est en colère, par exemple, on a tendance à se mettre en colère aussi. Cela n'arrange généralement pas la situation. On est deux au lieu d'un à rester coincé du côté noir de la vie. Mais on peut aussi calmer le jeu en faisant tourner le cercle vers le côté blanc, en répondant avec douceur.

Le but du mouvement yin-yang n'est pas de nous installer dans l'un des deux extrêmes, bien que nous ayons souvent besoin d'y faire un passage. « Lorsqu'un morceau de métal est tordu dans un sens, si l'on veut le redresser, il faut le tordre dans l'autre sens », m'a dit un jour une amie.

La voie du Milieu – l'équilibre, la modération – tel est le but.

Nous pouvons soit attendre que le cercle nous entraîne – de force – vers l'autre côté, soit rétablir nous-mêmes l'équilibre en allant délibérément vers l'autre côté.

Avant de quitter Taihuai, Joe et moi avons grimpé une volée de marches conduisant à un temple situé dans le village, au centre du cercle formé par les cinq pics montagneux. Une minuscule nonne s'est inclinée devant moi, les mains posées sur son cœur.

— Dites *amitofa*, dit-elle.

— Quoi ? demandai-je.

Elle sourit et s'éclipsa.

Par la suite, en Chine et au Tibet, je demandai à tous les gens qui parlaient anglais, et même à des gens qui ne le parlaient pas, ce que signifiait *amitofa*. Ils connaissaient le mot. Ils l'appréciaient. « Ah oui, *amitofa* ! » disaient-ils tout heureux. Mais personne ne put me l'expliquer. Pendant plusieurs mois après mon retour, j'ai cherché le sens de ce mot. Et finalement, sur le Net, j'ai rencontré un homme qui le connaissait et l'utilisait. Il avait passé plusieurs années en Chine pour apprendre les arts martiaux qu'il avait ensuite enseignés en Irlande et en Angleterre.

« Le sens le plus proche, en anglais, serait "soyez béni" ou "lumière infinie". »

« C'est ça, me suis-je dit, *amitofa* veut dire "par la grâce de Dieu". »

Nous trouvons parfois l'équilibre et la voie du Milieu par nous-mêmes. Parfois, il nous faut un petit coup de pouce – ou un grand coup de pied au derrière.

Certains affirment que faire et refaire sans cesse la même chose en espérant obtenir un résultat différent serait la définition de la folie. Ce n'est pas faux, mais pour beaucoup d'entre eux c'est encore plus grave que cela : la folie consiste à croire qu'on n'a pas le choix ou qu'on ne peut choisir que la solution qui ne marche pas.

Dans cette cinquième partie, nous allons voir des situations où, en utilisant le truc des menottes chinoises, des gens ont rétabli l'équilibre dans leur vie – trouvé la voie du Milieu. Le secret consiste à remplacer *bonheur* par un autre mot.

Le mot *paix*.

1

Elle a trouvé les mots

La pensée s'emballe. Les mots tournoient. Tellement de mots que Sherry est incapable de formuler une pensée. Son esprit fonctionne à toute vitesse. C'est la nuit. Elle n'arrive pas à dormir. Son mari est couché à côté d'elle. Il dort. Sherry se lève, va voir sa fille dans la chambre voisine. Elle dort à poings fermés, elle aussi. Sherry s'enferme dans la salle de bains, fouille dans son sac, en sort un petit sachet en plastique et sniffe une ligne de coke.

Son mari est un architecte qui réussit. Il voit en elle une jolie femme et une bonne mère. Ce qu'il ignore d'elle lui fait du tort à lui, à elle et à leur fille. Sherry n'aime pas employer le mot « dépendante ». Mais elle a de plus en plus de mal à se cacher qu'elle commence à perdre pied.

Au matin, il part travailler. Elle n'a pas fermé l'œil. Sa fille se réveille. Elle lui prépare un bol de céréales puis cherche dans son sac. Le sachet est vide. Plus de cocaïne.

« Très bien, se dit Sherry. Il faut que j'arrête. Il faut que je décroche. »

Au milieu de l'après-midi, elle reprend de la coke.

Nouvelle nuit sans sommeil où son esprit fonctionne à cent à l'heure, brassant les mots en une ronde folle. « Je n'arrive plus à contrôler, se dit Sherry. Je ne comprends plus ce qui se passe. »

L'après-midi suivant, après deux nuits d'insomnie, elle s'arrête devant une petite librairie, un endroit discret où l'on vend des ouvrages sur l'évolution personnelle et la spiritualité. La fille de Sherry s'est assise et joue avec les jouets et les livres du département enfants. Sherry va et vient entre les rayonnages. Finalement, elle s'approche du libraire.

— Oui ? dit l'homme.

Sherry reste immobile, sans voix. Elle s'efforce de trouver les idées, les mots qui conviennent. Le libraire la regarde. Elle le regarde.

— J'ai besoin d'aide. Je suis accro à la cocaïne. Aidez-moi à faire ce qu'il faut pour décrocher, s'il vous plaît.

Sherry se sent mal à l'aise, maladroite, mais elle a trouvé les mots.

Il est si facile de voir l'addiction des autres, de s'apercevoir qu'ils ont besoin d'aide. Il est généralement plus dur de se rendre compte qu'on est soi-même piégé, prisonnier, qu'on recommence inlassablement la même chose, même si ça ne marche pas, et qu'on est incapable de s'arrêter. Le problème peut être une obsession sexuelle, une tendance à dépenser, à jouer, à faire souffrir quelqu'un, à se laisser agresser.

Le problème peut être plus discret, dépression, codépendance, anxiété. Il peut se poser au travail, dans une relation, dans n'importe quel domaine de l'existence. Si tout ce que nous tentons pour résoudre le problème reste vain et si nous continuons malgré tout, il vaut mieux arrêter, nous détendre et tenter une approche différente : chercher à se faire aider.

On peut demander à une personne, à Dieu ou aux deux. Et on peut même demander plus d'une fois à plus d'une personne pour trouver le remède qu'il nous faut. Souvenez-vous que, quand notre choix est fait, une force puissante se met en branle qui nous guide sur le chemin. Il est important d'apprendre à donner. Mais dans le cycle de la vie il faut aussi choisir de demander et de recevoir l'aide dont on a besoin.

L'un des plus mauvais tours que l'on se joue à soi-même c'est de se persuader que pour gagner il faut exercer plus de pouvoir, affirmer plus de volonté, se débrouiller tout seul. Mais bien souvent la seule façon de gagner consiste d'abord à admettre sa défaite.

LES OPPOSÉS S'ATTIRENT

La véritable solution d'un problème nous apparaît parfois
comme impraticable, contraire à ce qu'on croit devoir faire,
vouée à l'échec.
Il suffit d'admettre la vérité pour nous-mêmes et devant les autres :
je suis incapable de résoudre moi-même ce problème,
j'ai besoin qu'on m'aide.

2

On séduit bien les chevaux

— Si tu veux que ton cheval s'attache à toi pour la vie, approche-toi, caresse-le, dit le moniteur d'équitation. Dis-lui qu'il est magnifique, merveilleux. Fais-lui plein de caresses, en très peu de temps. Et puis va-t'en. Pars. Oublie-le. Laisse-le. Ce cheval est à toi pour toujours.

La leçon d'équitation terminée, Janette nettoya un peu l'écurie puis remonta dans sa jeep et s'en alla.

Ce que lui avait dit le moniteur à propos des chevaux continua à la hanter pendant toute la semaine.

« J'ai tellement, tellement besoin des autres – trop, parfois, pensait-elle. Mais au lieu d'attirer les gens vers moi, ce besoin les repousse.

« J'ai compris. Ce que m'a dit mon moniteur est la clé qui va me permettre de sortir de cette contradiction entre possessivité et abandon. »

Ce problème peut être particulièrement pénible, déroutant, éprouvant. On voudrait plus d'amour, plus d'intimité avec les autres. On voudrait être entouré. Mais, dès l'instant où une personne s'approche, elle se sent ou on se sent soi-même étouffé, renfermé. Pris au piège.

Qui n'a pas exécuté ce pas de danse, si fréquent dans les relations ? Il (ou elle) était intéressé(e), impatient(e), empressé(e) au début. Quant à vous, vous étiez plus réservé(e), moins disponible.

Il a fini par vous séduire. Mais, dès l'instant où vous vous êtes engagée, il s'est désengagé.

Alors vous lui avez couru après.

Autre scénario : vous avez vraiment envie d'avoir des amis, une relation privilégiée avec quelqu'un, parce que vous vous sentez seul, abandonné. Mais ce besoin compulsif fait fuir les autres dès que vous les approchez.

Toutes les relations ne peuvent pas se nouer. Il est parfois préférable, d'ailleurs, que l'autre s'en aille. Mais on peut essayer le truc des menottes chinoises avec les gens que l'on rencontre. C'est une excellente technique relationnelle.

Résistez à l'envie de vous accrocher, à votre besoin de possession. Détendez-vous. Lâchez prise. Intéressez-vous aux autres – pas pour ce qu'ils peuvent vous apporter mais pour eux-mêmes. Et puis, avant que ce soit vraiment le moment de raccrocher le téléphone ou de prendre congé, excusez-vous et partez. Reprenez le cours de votre vie.

Cela vous semblera sans doute bizarre, peu naturel, au début. Mais dites-vous qu'il est peut-être temps de faire tourner la roue.

Laisser de l'espace à l'amour est un choix.

3

Elle a fait tourner la chance

Carolyn se coiffa, rectifia son maquillage et arrangea sa jupe.

Coup de sonnette. Elle le fit entrer. Leur rendez-vous la mettait en joie.

Il dit bonsoir, vit sa chemise pendue au dossier d'une chaise de la salle à manger, s'en empara et se dirigea vers la porte.

Carolyn se sentit envahie par une angoisse folle. « Que se passe-t-il ? Je pensais que nous allions passer un bon moment ensemble. Où va-t-il ? » Elle le regarda tendrement et s'efforça de dissimuler sa déception.

— Désolé, dit-il. J'ai eu un imprévu. Il faut que je parte.

« Les hommes sont vraiment nuls », pensa Carolyn en le voyant passer la porte.

Elle était jolie. Intelligente. Compétente. Mais, lorsqu'elle se regardait dans la glace, elle ne voyait pas cela. Elle voyait une gamine frustrée, en manque d'amour. Chaque fois qu'elle était en relation avec des gens et qu'ils la quittaient, pour une raison quelconque – aller faire une course, sortir de leur côté un soir ou simplement reprendre le cours de leur existence – elle était incapable de se dire : « peu importe » et de continuer à vivre.

Sa mère était partie lorsque Carolyn avait huit ans. Envolée. Disparue. Et son père était mort quand elle était jeune fille. Maintenant, toute interaction avec autrui réveillait en elle le sentiment d'être rejetée.

Elle avait adopté l'attitude recommandée par la psychothérapie :

« Quand tu me quittes comme ça, je me sens abandonnée, disait-elle à son amant, à sa fille, à son amie. Et j'en souffre. »

Mais cette tactique ne donnait pas le résultat escompté. La personne à qui elle avouait ce sentiment d'abandon avait tendance à prendre la poudre d'escampette.

Un soir, chez une amie, Carolyn dit qu'elle aimerait beaucoup adopter un enfant. Elle expliqua qu'elle en avait énormément voulu à sa mère de l'abandonner, quand elle était petite.

« Ce que tu devrais faire avant, lui dit son amie, c'est t'adopter toi-même. Faire une cérémonie et t'adopter. »

Ce n'était pas une mauvaise idée. Carolyn cherchait en permanence à obtenir des autres ce qui lui avait manqué pendant l'enfance, mais elle était maintenant capable de se le donner à elle-même. Elle fit une liste de tout ce qu'elle attendait que les autres fassent pour elle. Puis elle fit une autre liste décrivant clairement comment elle pouvait faire elle-même ces choses-là.

« Dès que j'ai pris en charge ces besoins qui remontaient à mon enfance, j'ai pu m'ouvrir, aimer et, suprême victoire, laisser les autres descendre acheter du pain. »

« Je passe te prendre et je t'emmène faire un tour dans ma Bentley, d'accord ? »

« Une croisière sur le *Queen Mary* avec moi, ça te tente ? »

« Je suis invité à une fête, samedi soir. Tu veux bien m'accompagner ? »

« Je n'arrête pas de penser à toi. Je sens ta présence, l'odeur de tes cheveux, même si tu es à deux mille kilomètres de moi. »

Carolyn éclate de rire. Quatre hommes veulent sortir avec elle en même temps. Qui l'eût cru ? Et qui aurait pu penser que les hommes soient aussi romantiques ? Elle n'en revient pas.

Faire exactement le contraire de ce qu'on fait d'habitude est souvent la meilleure façon d'arriver à ce qu'on veut. Dès qu'on n'a plus besoin des autres pour combler des manques hérités du passé ou panser temporairement une blessure, il peut se produire des choses agréables avec eux.

Après avoir attendu pendant des années d'être choisi,
on est enfin en position de choisir.

4

Il savait très bien ce qu'il ressentait

Marc prépara le dîner, mit la table. Il alla même jusqu'à allumer des bougies. Lorsque la sonnette retentit, il ouvrit la porte et la fit entrer. L'embrassa sur la joue. Elle se comportait un peu bizarrement, mais les femmes sont comme ça, parfois. Ils ne s'étaient pas vus depuis longtemps, car Marc avait été accaparé par son travail. Mais dans le fond c'était un romantique.

Et, ce soir-là, il avait des projets.

Ils dînèrent. Parlèrent de choses et d'autres. Il se trouva particulièrement charmant ; et ça marchait. Elle finit de manger, s'essuya délicatement la bouche avec sa serviette.

« Si je suis venue, ce soir, c'est seulement pour te dire que c'est fini », dit-elle. Marc la regarda se lever, prendre son manteau et partir.

« Fichtre, pensa-t-il, je viens de me faire larguer. »

Il discuta de l'incident avec ses amis. Il parla aussi de ce qu'il ressentait. « Ce n'est pas une sensation agréable », dit-il.

Marc savait exactement ce qu'il ressentait.

Mais il voulait à tout prix éviter de le ressentir *réellement.*

Je parle avec une femme qui voit un thérapeute toutes les semaines. Je lui demande :

— Quelles émotions réveillent-elles en vous, ces séances ?

— On ne parle pas tellement d'émotions, répond-elle. On envisage différentes façons de modifier mes comportements, des trucs plutôt intellectuels.

— Mais que ressentez-vous pendant que vous parlez ?

— Humm... Ce que je ressens surtout, je crois, c'est de l'ennui.

Je discute avec une amie dont la grand-mère vient de mourir.

Elle : – Le plus pénible c'est qu'avec le chagrin qui me submerge j'ai perdu toute intuition, dit-elle.

Moi : – Je déteste ressentir mes émotions.

Elle : – Oui. Moi aussi.

Les émotions, on peut en parler. On peut s'en servir pour contrôler autrui. On peut les laisser nous dominer. Ou on peut s'amputer de la partie de nous-même qui souffre – et on y est parfois contraint, pour se protéger. Lorsque j'ai recontacté mes émotions après vingt-quatre ans d'autoanesthésie, la plus minuscule sensation prenait des proportions fantastiques. Je ne savais absolument pas quoi en faire. Mais je passais le plus clair de mon temps à m'en occuper.

— Je ressens ça en ce moment. Oh, maintenant ça change, c'est plutôt ça, expliquais-je à qui voulait l'entendre.

J'avais du mal à contacter autre chose que ma tête. Je n'aimais pas me laisser envahir par mes émotions. La plupart du temps, je me regardais de l'extérieur et je me voyais bloquée émotionnellement.

J'avais interrogé Élisabeth Kübler-Ross sur les émotions et notamment la peur.

— Quel enseignement tirer de la peur ? lui avais-je demandé. Que faire quand on a peur ?

— C'est facile, me répondit-elle. Quand vous avez peur, descendez à la cave et hurlez un bon coup.

Elle m'expliqua que la plupart des problèmes dont souffrent les gens sont soit provoqués, soit compliqués par la répression des émotions pendant l'enfance. Les parents ne permettent pas aux enfants d'exprimer – donc de ressentir, de connaître – ce qu'ils éprouvent, souffrance, peur, colère, haine, ni aucune des nuances que peuvent prendre ces émotions.

Oui, il faut éviter de laisser nos émotions nous dicter notre conduite. Mais si nous continuons à les refouler, elles vont finir par le faire. Non, il n'est pas nécessaire de tenir les autres au courant de notre vie émotionnelle. Cela ne nous libère pas et cela les ennuie, la plupart du temps. Oui, il est parfois utile de dire à quelqu'un ce qu'on éprouve – quand on veut résoudre un problème, faire plus ample connaissance ou obtenir l'aide d'autrui dans un moment difficile.

Quand on est coupé de ses émotions il faut savoir que tout ce qu'on risque de ressentir est valable et a déjà été ressenti par d'autres.

Et si, pour une raison ou une autre, on est complètement insensible, il faut faire appel à un professionnel.

Mais, d'une façon générale, c'est à nous de nous occuper de nos émotions.

L'ironie de la chose c'est que les gens les plus heureux de vivre, les plus joyeux que je connaisse sont souvent ceux qui ont traversé les pires épreuves. Je ne sais pas pourquoi. Est-ce une histoire d'opposés ? Il me semble, quant à moi, que quand on n'a plus peur d'aucune des émotions susceptibles de nous assaillir, on devient effectivement joyeux, détendu et libre.

Allez-y. Faites le contraire de ce que vous vous apprêtez à faire. Prenez un risque. Recréez l'équilibre. Laissez-vous envahir par vos émotions. Ou du moins essayez. Éprouver en profondeur tout ce qui nous touche donne à la vie couleur et passion.

On a trop tendance à penser : « Il faut que je me contrôle, que je réfléchisse à ce que je vais faire, à la décision que je dois prendre. »

Lorsqu'on s'autorise à ressentir ce qu'on voulait refouler,
l'effet peut être magique : on sait tout naturellement ce qu'on doit faire.

5

Elle s'est mise à l'abri

Elle ne l'avait pas senti venir.

Elle n'en connaissait pas l'origine. Il faudrait qu'elle s'en préoccupe. Mais, d'un seul coup, c'était là. Elle avait la gorge serrée. Le cœur battant. Le cou raide. Une douleur dans la tête. Lynne ne savait plus où elle était ni ce qu'elle pensait.

« Ouille, ouille, ouille, se dit-elle. Encore une crise d'angoisse. »

Lorsqu'elles avaient commencé – dès qu'elle avait arrêté de boire – elle ne savait pas comment réagir. Mais elle avait appris. Elle interrompait toute activité en cours. Inutile de vouloir faire quoi que ce soit pendant une crise. Cela n'aurait fait qu'exagérer son état. Constater qu'elle n'était bonne à rien renforçait son angoisse. Et elle paniquait complètement.

Tranquillement, elle s'allongea sur le canapé.

— Dans ces cas-là, explique-t-elle, je demande simplement à Dieu de m'assister. Et je reste couchée jusqu'à ce que ça passe.

Lorsque ce genre de tourmente se lève, sans prévenir, et risque de nous abattre, il n'y a pas grand-chose à faire. On ne peut ni contre-attaquer ni faire comme si de rien n'était. Mais on n'est pas obligé de se laisser abattre.

Il y a des circonstances où il vaut mieux se mettre à l'abri en attendant que le vent tourne.

6

Elle ne savait plus où elle en était

Anaïs arrangea nerveusement ses cheveux, puis se donna un coup de brosse. Se tournant vers son amie elle demanda :

— Comment tu me trouves ? Ça va ?

Son amie la rassura. Elle regarda sa montre.

— Allez, ma jolie, on y va. C'est l'heure.

La cérémonie se déroulait dans une petite église de quartier. Il y avait au moins cent personnes qui attendaient. La musique retentit – la traditionnelle marche nuptiale – au moment où Anaïs s'avançait gracieusement vers l'autel. Sa robe était magnifique. Blanc crème, elle se composait d'un bustier lacé jusqu'à la taille et d'une large jupe vaporeuse découvrant des bottes en satin, lacées elles aussi.

Le pasteur dit quelque chose. Anaïs était dans un tel état d'anxiété qu'elle ne comprit pas ses mots. Elle regardait son fiancé dans les yeux. Il était vraiment mignon. Et il était arrivé au bon moment dans sa vie. Elle en avait assez des goujats, des hommes mariés, des indélicats.

Celui-là s'était vraiment distingué. Il lui avait offert un énorme diamant, l'avait invitée dans de grands restaurants, avait passé avec elle de calmes soirées à la maison. Il promettait de lui donner tout ce à quoi elle aspirait – des enfants, la sécurité, la stabilité. Fini les petits jeux, les amours incertaines.

Certes il avait des défauts. Les seules photos accrochées sur ses murs le représentaient, lui. Au lit, il était ennuyeux, quasiment nul. Mais elle en avait assez de se laisser dominer par la passion, les émotions. Cela ne donnait rien. Cette fois, elle essayait autre chose.

— Acceptez-vous de prendre pour époux... ?

— Oui, dit Anaïs.

— Je vous déclare unis par les liens du mariage. Vous pouvez vous embrasser.

Anaïs l'embrassa. La foule applaudit. Elle remonta l'allée centrale au bras de son époux. Elle sourit, accueillit avec plaisir les félicitations et les baisers des invités. Il la regarda, sourit et demanda : « Quel effet cela fait-il d'être ma femme ? » Elle se sentit soudain tétanisée, comme une biche prise dans les phares d'une voiture. Elle espéra que personne n'avait rien remarqué.

« Mon Dieu, se dit-elle. Qu'ai-je fait ? Je viens de dire "oui", mais je crois bien que c'est non. »

Faire le contraire de ce qu'on aurait fait c'est parfois autre chose que ce qu'on croit. L'amour, le grand amour est un choix. Mais on peut trouver un juste milieu entre passion et raison.

Ce juste milieu, c'est la voie du cœur.

Je connais beaucoup de gens qui ont accumulé rencontres, flirts, liaisons et même mariages. On essaye et oups ! ça ne marche pas. Mais on a appris de l'expérience quelque chose d'important.

Un ami m'appelle. Sa fiancée a annulé le mariage quelques heures avant l'heure prévue.

« Ce qui m'embête le plus, me dit-il, ce n'est pas de la perdre, c'est de ne pas me marier. J'ai fait tellement d'efforts pour reconstituer une famille, depuis mon divorce. Il y a quelque chose à piger, là. Je vais y réfléchir. »

Faire le contraire de ce qu'on ferait, quand il s'agit d'amour, de flirts et d'aventures, cela peut vouloir dire inspirer un grand coup et ralentir.

Se laisser emporter par la passion c'est délicieux, excitant, palpitant. « Enfin, se dit-on, j'ai rencontré le grand amour. » Méfiance. Prudence. Attention. Grisé par la passion, on peut perdre pied et se retrouver le derrière par terre.

Mais, même honteux d'avoir fait une grosse erreur, on peut se relever. Repartir. Aller de l'avant.

Ne nous laissons pas arrêter par les erreurs commises.

7

Un rêve devenu réalité

Mélanie consulta sa messagerie vocale.

Il avait laissé un message. Mais il avait appelé six fois.

Deux ans plus tôt, elle aurait donné n'importe quoi – absolument n'importe quoi – pour que cet homme l'appelle plusieurs fois par jour. Maintenant, cela ne faisait que l'irriter. Pis, ça lui donnait la nausée.

Elle écouta le message. « Salut, c'est moi. » « Ils s'appellent tous "Moi", pensa-t-elle. Pourquoi ne pas dire leur nom ? Est-ce qu'ils s'imaginent être le seul "moi" sur terre ? »

Il voulait encore la voir ce soir-là.

Beuark ! Elle préférait rester chez elle.

« Il est tellement beau. Il me le faut. Il représente tout ce que j'aime. Je T'en prie, mon Dieu, donne-le-moi et je ne Te demanderai jamais rien d'autre. » Elle avait supplié, pleuré, prié, gémi, souffert mille morts pour cet homme. Eh oui. Elle était persuadée d'avoir rencontré l'amour de sa vie. L'âme sœur.

À l'époque, il n'avait pas voulu d'elle, l'avait plaquée pour une autre. Mais moins elle pouvait l'avoir, plus cette idée fixe, plantée dans son cerveau, l'avait narguée : « Il me le faut, sinon j'aurai vécu cette vie en vain. »

Elle avait capitulé. Repris le cours de sa vie. Elle s'était même bien amusée une fois libérée de ce piège mental. Puis il avait rompu avec son amie et la situation s'était inversée. Maintenant c'était lui qui la voulait.

Elle avait trouvé cela amusant au début. Intéressant. Mais la nouveauté avait rapidement perdu sa saveur. C'est un pauvre type. Ennuyeux. Égocentrique. Terne. Manipulateur. Peu fiable. Pas très malin. Et il n'aime pas se laver, apparemment. Qu'est-ce que j'ai bien pu lui trouver d'aussi irrésistible ? Est-ce que je suis en train de fuir par lâcheté ? Est-ce que je sabote mes possibilités de bonheur ? Mélanie appuya sur le bouton d'effacement et supprima le message en se demandant combien de temps elle pouvait éviter d'y répondre.

Il fallut encore à Mélanie six semaines de rendez-vous sans intérêt pour comprendre qu'elle ne l'avait jamais aimé. Elle était tombée amoureuse d'un fantasme, d'une illusion, d'un rêve, pas de lui.

La réaction la plus naturelle, quand on a commis une erreur, c'est de se dire qu'on ne peut pas se faire confiance. Faire le contraire de ce qu'on pensait ne veut pas dire se laisser guider par la raison. Cela veut dire cesser de prêter attention à la voix intérieure qui crie son obsession et écouter l'autre voix intérieure, celle qui s'exprime calmement.

Qui sait ? La relation que vous considérez comme une erreur n'en était peut-être pas une. C'était peut-être exactement ce qu'il vous fallait à l'époque.

En avez-vous retiré quelque chose ? Vous a-t-elle aidé à poursuivre votre chemin ? Vous a-t-elle ramené à la vie ?

« J'ai vécu une relation désastreuse après la mort de mon père, me raconte une femme. Quand j'y repense, je suis horrifiée d'avoir choisi cet homme. Mais, avec le recul, voilà ce je crois. Après avoir été écrasée, anéantie par le chagrin, le fait d'entreprendre – puis de terminer – cette relation m'a aidée à revivre. »

En amour, certains d'entre nous suivent un chemin tout tracé, évident.

D'autres empruntent des sentiers plus complexes, sinueux, rocailleux, abrupts.

Certaines relations ne durent qu'une saison. Certaines se prolongent toute la vie.

Avec qui allez-vous vous lier ? des amis, des amants, un(e) conjoint(e). Combien de temps resterez-vous ? Quelle leçon en tirerez-vous ? Comment la transposerez-vous dans une autre relation ?

C'est à vous de choisir.

Cette relation qui vous a tant fait douter de vous-même
a peut-être eu le mérite de vous inciter à écouter
votre voix intérieure et à lui faire confiance.

8

Il a pris des risques

C'était un premier rendez-vous, rien d'important.

Il l'emmena dans un restaurant italien, une fort bonne table. Elle se pencha vers lui et murmura :

— On se casse d'ici et on se prend un truc, tu veux ? J'ai de l'ecstasy. Ça peut être marrant.

Son cœur se mit à battre plus vite et plus fort. Il réfléchit. Il n'avait jamais pris d'ecstasy. Il ne savait même pas ce qu'il y avait dedans. Mais le mot l'intriguait. Lui plaisait.

— Qu'est-ce que ça contient ? lui demanda-t-il.

— Oh, je ne sais pas. Un peu de tout, je suppose. Héroïne, Cocaïne. Méthadone.

Il eut l'impression qu'un parpaing lui était tombé sur la tête. À quoi pensait-il ? Cela faisait dix-neuf ans qu'il n'avait plus touché à aucune drogue.

— Tu sais, j'adorerais me défoncer. Tu n'imagines pas à quel point. Mais voilà. On ne peut pas être et avoir été. Dans cette vie, j'ai épuisé tout mon capital défonce. Je me soigne depuis dix-neuf ans. Maintenant je n'ai plus le choix. Je suis sur le versant désintoxiqué de mon existence.

Elle le prit mal.

— Tu n'exagères pas un peu ? Tu crois vraiment que tu vas replonger si tu te défonces une fois, que tu vas redevenir l'esclave de l'alcool et de la drogue ? Tu sais, je ne le dirai à personne. Personne ne le saura jamais excepté toi et moi.

Il sentit la tentation se réveiller en lui. Il réfléchit, pesant le pour et le contre. Personne ne le saurait jamais, sauf elle et lui. Est-ce qu'il risquait la rechute en s'autorisant un seul faux pas ? Peut-être. Mais peut-être pas.

— En plus, poursuivit-elle, je resterai avec toi quelques jours pour m'assurer que tu ne recommences pas.

Cette fois, elle avait trouvé les mots qui le ramenèrent à la réalité. Comme si quiconque pouvait l'empêcher de replonger !

— C'est que je prends la parole dans des tas de réunions, dit-il à voix basse, penché vers elle. J'aide d'autres gens à décrocher. Ils ne le sauraient peut-être jamais, mais moi je le saurais. C'est ça le truc. Je ne suis pas devenu sobre tout seul. Je buvais et je me droguais de façon bien trop compulsive. Je ne contrôlais plus rien. Je n'étais plus en état de faire un choix. Je ne m'en serais jamais sorti sans cette chose qu'on appelle la grâce. Et puisque j'ai la capacité de choisir – même si je ne m'en suis pas toujours servi –, je te réponds non.

Comme disait la gentille petite nonne de la montagne : « Amitofa. »

Voilà qui est dit.

Tenez-vous prêt. Assurez-vous que toutes
vos leçons de vie sont bien dans votre sac à dos.
La plus haute, la plus grosse montagne reste à escalader.
Mais prenez garde aux singes.
Il paraît qu'ils mordent.

Sixième partie

RECHERCHEZ L'OR

« Nous ne voyons pas les choses comme *elles sont*, mais comme *nous sommes*, me dit un ami. C'est ce qu'affirment aujourd'hui les scientifiques, le bouddhisme zen, le christianisme – toutes les religions. »

Il y a une blague qui circule dans le milieu de la psychothérapie. Pendant une séance de groupe conduite par un thérapeute, l'un des anciens dit à un nouveau : « Vas-y. Dis au groupe ce que tu as fait de mal, tout ce dont tu as honte, dont tu te sens coupable. Ici, tout le monde a fait les mêmes choses que toi – sinon pire. »

Alors le nouveau ouvre son cœur. Il livre tous ses secrets.

Puis il se tait et attend.

Tout le groupe, y compris le thérapeute, le regarde en silence, pétrifié.

« Quelle horreur, disent-ils enfin. On n'a jamais fait une chose pareille ! »

Nous vivons presque en permanence avec le même sentiment coupable que cet homme. Et il modifie notre façon de percevoir tout ce qui nous entoure, le monde, les événements, les autres, nous-mêmes et Dieu.

Certains disent que c'est l'amour qui fait tourner le monde. Peut-être. Mais chaque fois que je commence à tourner en rond, c'est généralement par la culpabilité que je suis agie.

Pour monter au sommet de l'Emei Shan, la quatrième montagne sacrée, il y a trois chemins possibles. L'un est un sentier long et ardu qui serpente à travers la forêt des singes, dans la vallée, avant de grimper jusqu'au sommet. L'autre est long et difficile aussi mais il est plus direct. Quant au troisième, il est rapide et facile – c'est un téléphérique qui vous transporte jusqu'en haut.

Joe et moi avions opté pour une solution mixte : le chemin de la vallée à l'aller et l'autre chemin au retour. L'ascension devait durer trois ou quatre jours.

Nous avons pénétré dans la forêt des singes. Après sept heures de marche, nous n'avions toujours pas vu le moindre quadrumane, et il commençait à faire nuit. Mais nous nous trouvions dans un paysage somptueux, magique. L'air était plein de bruits d'eau provenant de la rivière en contrebas et de deux cascades. Des plates-formes en bambou couraient le long des pentes de la vallée. De vieux ponts de lianes reliaient les deux rives de la rivière, juste assez larges pour être empruntés par une seule personne – ou plusieurs singes – à la fois.

« Les vallées aussi peuvent être belles », me suis-je dit.

Nous avons déroulé nos sacs de couchage et installé notre campement pour la nuit sur une plate-forme en bambou. C'était interdit, nous le savions et nous étions tous les deux un peu inquiets, couchés sous un ciel noir, contemplant les étoiles.

— Qu'est-ce que c'est ? demandai-je soudain en désignant une lumière au loin.

— Zut. Nous sommes fichus. C'est un garde avec une torche électrique.

Il n'y avait rien d'autre à faire qu'attendre tranquillement. La lumière allait et venait sans paraître se rapprocher de nous.

— On va peut-être passer au travers, murmurai-je.

Au même moment, six nouvelles lumières apparurent. Elles s'approchèrent puis reculèrent. Je me demandai ce que feraient les gardes s'ils nous découvraient. Nous chasser de la forêt ? Pour nous envoyer où ? Nous étions à cinq ou sept heures de marche de tout endroit habité. Nous arrêter ?

— Ce ne sont pas des gardes, dis-je finalement à Joe.

— Et c'est quoi ? des singes qui font une retraite aux flambeaux ?

— Non, des vers luisants, les plus gros que j'aie jamais vus.

Le lendemain nous étions levés à l'aube. Nous avons continué à traverser la forêt avant d'attaquer la montée. Vers la fin du deuxième jour, nous sommes arrivés à un monastère où nous avons décidé de passer la nuit. Nous étions encore à une journée de marche du sommet.

Des marches. Des marches, encore des marches. J'avais froid. J'étais fatiguée. Cela faisait cinq semaines que j'étais en Chine. Je rêvais de mon lit. De me retrouver chez moi. Le charme de notre aventure commençait sérieusement à se dissiper.

Dans ma chambre, il y avait de l'eau chaude mais pas de thé. J'allai dans une petite boutique située derrière le monastère pour essayer d'en acheter. L'homme qui tenait la boutique voulut à toute force me vendre un soda – au double du prix habituel. Je refusai et tentai ma chance dans une gargote voisine. Elle était tenue par une femme petite et ronde, coiffée d'une casquette de base-ball. Elle me sourit.

— Je voudrais un paquet de thé à emporter, lui dis-je.

Elle farfouilla dans ses réserves et me mit un paquet de thé dans la main.

— Pas payer, bon plaisir.

Le lendemain matin, au réveil, j'eus envie d'une tasse de café pour attaquer la journée. Je retournai à la gargote de la gentille dame.

— Six heures. Sept heures. Soleil levé. Bonjour ! lança-t-elle, toujours souriante.

Je commandai un petit déjeuner – du riz et du café. Je vis que l'autre gargote était vide. Personne ne venait s'y restaurer. Tout le monde s'entassait chez la dame.

Nous reprîmes l'ascension. Le mont Emei était plus haut et plus difficile que tous les sommets que nous avions gravis jusque-là. Après avoir monté des marches pendant six heures, nous avons décidé de prendre le téléphérique pour le reste du trajet.

L'altitude était telle, lorsque je descendis du téléphérique, que je pouvais à peine marcher.

Je m'assis sur un petit mur pour regarder les gens se presser à l'intérieur du temple.

Certains étaient des postulants et priaient. Qu'ils soient montés à pied ou en téléphérique, ils avaient trouvé ce qu'ils venaient chercher, un lieu de haute spiritualité où se recueillir. Les autres se contentaient d'admirer le paysage.

Il m'est si souvent arrivé de m'y perdre dans les valeurs spirituelles. Je pensais qu'être croyant c'était adopter certaines vérités religieuses et les prêcher. Et pourtant, les moments où je m'étais sentie la plus proche de Dieu et de mes semblables c'était lorsque je parlais à des gens de quelque chose que j'avais ressenti ou fait – quelque chose que je jugeais étrange, bizarre, peu orthodoxe et qui me séparait des autres – et qu'ils me disaient : « Oui, j'ai ressenti – ou fait – la même chose, moi aussi. »

Le seul moyen d'accéder tout en haut du mont Emei était un monorail. Nous le prîmes et, lorsqu'il fallut gravir encore quelques marches, le manque d'oxygène me fit tituber. C'est presque en rampant que j'atteignis la plate-forme où il y avait une cloche. *Dong. Dong. Dong.* Chacun à son tour la fit sonner et inscrivit son nom dans un livre.

Nous avons pris le temps de nous asseoir, de faire un tour, de regarder le paysage. La vue, depuis le sommet, était spectaculaire – bien différente de ce que nous avions découvert dans la vallée. C'est extrêmement plaisant de se trouver au sommet d'une montagne, mais combien de temps peut-on y rester ? Comme les vallées, les pics sont des lieux où l'on ne fait que passer.

Nous redescendîmes vers le monastère où nous avions passé la nuit précédente.

En attendant le téléphérique, je fis quelques achats dans les minuscules boutiques installées à proximité. J'achetai un paquet de thé exotique, croyant avoir enfin trouvé ce mystérieux breuvage contre le mal d'altitude dont on m'avait parlé avant le voyage.

Arrivée au monastère, je regardai mon thé et fus prise d'un doute. « Il est à moi, me dis-je, mais je le dois à cette femme. »

J'allai jusqu'à sa gargote, lui mis le paquet de thé dans la main et la remerciai de sa gentillesse.

Elle ne refusa pas le cadeau.

« Est-ce cela que cette montagne avait à m'apprendre ? me demandai-je. Ce qui vient à nous s'en éloigne pour nous revenir ? Le karma – jeu suprême des causes et des effets ? »

Le lendemain nous attaquâmes la dernière partie de la descente. Elle fut longue, difficile, épuisante. Un panneau annonçait 1,4 kilomètre de marche. Mais, au bout d'un moment, je me suis dit que quelqu'un avait modifié le panneau. C'était sans doute 14 kilomètres.

— On arrive bientôt, d'après toi ? demandais-je sans arrêt à Joe.

— Arrête, Melody, me dit-il finalement. On sera arrivés quand on sera sur le parking d'où on est partis. Jusque-là, contente-toi de mettre un pied devant l'autre.

« La règle d'or, "Donnez et vous recevrez", j'y croyais quand j'étais gosse, me dit un ami. Mais j'en ai eu tellement marre de voir les salauds gagner – pendant que je perdais – que j'ai fini par laisser tomber. Le jeu devrait s'intituler : "Qu'est-ce que j'ai à y gagner ?" »

En ce qui me concerne, lorsque j'applique la règle d'or, il se passe les choses les plus diverses. Lorsque je donne à quelqu'un – amour, compassion, pardon ou argent – la personne ne me donne pas nécessairement quelque chose en échange.

En général, elle m'en demande plus.

Mais il n'est pas impossible de tomber sur quelqu'un, au travail, en amour, en famille – ou bien c'est un ami – qui a vraiment des égards pour nous. Qui nous épaule dans les mauvais moments. Qui pardonne nos erreurs, nos égarements. Mais, surtout, qui croit en nous. Quand cette personne affirme : « Tu vas y arriver ; j'ai confiance en toi ; tu n'as pas un mauvais fond, mon chou ; j'ai commis la même erreur, moi aussi ; et regarde tout ce que tu as fait de bien » – elle est sincère. Et nous découvrons alors ce qu'est l'amour inconditionnel.

Ces gens-là sont sincèrement désolés (et pas secrètement ravis) lorsqu'il nous arrive un coup dur. Et, quand ils donnent, ce n'est pas parce qu'ils attendent quelque chose en retour.

« Voilà ce que j'avais à apprendre, pensai-je beaucoup plus tard, après mon retour aux États-Unis. C'était une leçon sur l'amour, le pardon, la compassion, la gratitude. »

Dans cette sixième partie, nous verrons comment ces vertus ont joué un rôle dans les décisions prises par certaines personnes. Rien de plus facile, dans ce monde, que d'imaginer qu'on est le seul (la seule) à se sentir coupable, anxieux(se). Les gens ont l'air tellement sûrs d'eux, dans l'ensemble. Il n'y a pas de secret mieux gardé que l'insécurité profonde que chacun ressent au fond de lui.

Alors, ne vous contentez pas de cuivre, recherchez l'or.

Ralentissez. Descendez en vous-même. Ce n'est pas dans la tête que ça se passe. Soyez dans votre cœur. Vous croyez vraiment que personne d'autre ne ressent ce que vous ressentez ?

Voyez comment la spirale de la culpabilité peut se transformer en un cercle d'amour.

1

Elle a appelé la police

Sophie était chez son amie. Les événements du week-end la dépassaient. Elle s'était dit qu'en parlant à quelqu'un, elle y verrait peut-être plus clair.

— Je n'arrive pas à croire ce qui s'est passé, dit-elle en secouant la tête.

— Tu sais que Richard et moi sommes séparés depuis plusieurs mois, n'est-ce pas ? Eh bien, samedi soir, j'ai reçu un ami chez moi. Nous avions passé la soirée ensemble. Il m'avait emmenée à une fête et on s'était bien amusés. Donc, il me raccompagne et je le fais monter chez moi. Il reste un moment, puis je descends avec lui jusqu'à sa voiture. Son pare-brise était en miettes. Quelqu'un avait jeté une pierre en plein milieu.

Je savais qui c'était.

Depuis qu'on a rompu, Richard n'arrête pas de me harceler. Il n'arrive pas à me lâcher. Il pense que je lui appartiens et qu'on va se remettre ensemble un jour ou l'autre. Et il ne supporte pas que je fréquente quelqu'un d'autre.

— Et qu'as-tu fait ? demanda son amie.

— J'ai appelé la police et fait une déposition, répondit Sophie. J'ai fait ce qu'il fallait pour me protéger. Bien que, d'après la police, il soit difficile de retrouver des empreintes digitales sur une pierre.

« Mais tu n'as pas encore entendu la meilleure. Écoute bien. Dimanche matin, je vais à la messe. Richard chante dans le chœur.

Eh bien il était là et il chantait à tue-tête “Alléluia ! Gloire à Dieu au plus haut des cieux” !

« Il avait même le visage ruisselant de larmes. »

Sophie hocha la tête d'un air incrédule.

— Ce serait comique si ce n'était pas aussi triste.

« Une voisine de Richard m'a téléphoné hier soir. Elle voulait m'inviter à une fête chez elle ; je l'ai connue quand j'étais avec Richard. J'ai dit que non, je préférais ne pas venir. Alors elle m'a demandé si je savais où était Richard parce qu'elle ne voyait plus sa voiture garée devant chez lui.

« Je sais exactement pourquoi, poursuivit Sophie. Il cache sa voiture parce qu'il a peur qu'on lui fasse ce qu'il a fait à un autre.

Si la loi du karma ne nous rattrape pas, notre culpabilité s'en chargera.

2

Elle s'accusait elle-même

Tina écoutait les informations en se rendant à son travail. « Et le ministère des transports annonce que la remise en état de l'autoroute prendra environ douze mois... »

« Douze mois ? se dit Tina. Une année ? »

Cette autoroute était la principale voie d'accès au centre ville. La plupart de ses clients l'empruntaient pour venir de la ville voisine, plus importante que celle où elle vivait. Loyer. Salaires. Comment pourrait-elle s'en sortir ? Son commerce périclitait.

Elle ralentit, comme toujours, en abordant une certaine rue. C'est fou ce qu'elle aurait aimé y habiter. Mais c'était largement au-dessus de ses moyens. Et maintenant que son commerce allait sûrement fermer, c'était inenvisageable.

Elle adorait son travail. Elle le perdrait. Elle détestait la résidence où elle habitait. Apparemment elle y resterait.

Tout allait de travers.

« J'ai dû faire une erreur quelque part », se dit Tina. Elle passa en revue tout ce dont elle se sentait coupable. Quelques fantômes du passé lui revinrent en mémoire. Elle avait fait son possible pour se racheter. Mais plus elle vivait, plus elle faisait d'erreurs.

Tina ouvrit la boutique et se mit à éplucher les comptes et ses relevés bancaires. Elle ne pouvait pas se permettre de continuer. Elle ne baissait pas les bras, simplement elle savait compter.

Il faudrait qu'elle en avertisse ses employés rapidement pour leur laisser le temps de trouver un autre emploi. Ils seraient mécontents.

Et non sans raison. Tina se sentait coupable de leur retirer leur gagne-pain. Mais elle était mécontente, elle aussi. Elle avait englouti une petite fortune dans son commerce, et chaque mois élargissait le trou dans son compte en banque.

« Ce n'est pas seulement une question d'argent, se dit-elle. Cette boutique, c'était un vieux rêve. Et je ne la voulais pas seulement pour moi. J'espérais qu'elle rendrait aussi service aux gens du voisinage et même à ceux des villes voisines. »

Elle apprit la nouvelle à ses employés en fin d'après-midi. Ils commencèrent à liquider le stock dès la semaine suivante. Elle regarda la caisse se remplir et les rayonnages se vider au même rythme. Rapidement, il n'y eut plus rien à vendre dans la boutique.

— Puis-je vous parler ? lui demanda un jour une femme.

Tina pensa qu'elle voulait obtenir un rabais supplémentaire.

— Bien sûr, allez-y.

— Ma situation vient de changer, dit la femme. J'aurais dû le prévoir, mais je ne l'ai pas fait. En tout cas, il faut que je vende ma maison et je ne sais pas pourquoi j'ai eu le sentiment qu'il fallait que je vous en parle.

Elle donna à Tina l'adresse de sa maison. C'était dans la rue qu'elle rêvait d'habiter. Elle donna à Tina le prix. Et, là, elle crut rêver. Incroyable ! Il était tellement bas qu'elle pouvait le payer. Que n'importe qui aurait pu le payer.

« C'est trop beau pour être vrai, pensa Tina. Et je n'ai pas de temps à perdre. »

La femme lui proposa de venir visiter la maison. Tina hésita. Elle commença par dire non. Plus tard, le même jour, elle en discuta avec un ami.

— Pourquoi ne pas tenter ta chance, dit celui-ci. Va au moins voir la maison. Je viens avec toi si tu veux.

Tina accepta, sans enthousiasme. Elle savait très bien ce qu'elle attendait d'une maison. L'appartement qu'elle habitait ne lui plaisait déjà pas ; pas question qu'elle achète quelque chose qui ne lui plairait qu'à moitié. Elle préférait rester où elle était.

Le lendemain, elle se rendit à l'adresse indiquée. « Exactement ce que je craignais, se dit-elle. La maison est moche. Je parie que c'est un vrai taudis. »

— Va voir l'intérieur, lui conseilla son ami.

Tina alla jusqu'à la porte.

— Si ça ne me plaît pas, dit-elle, je reviens tout de suite.

Elle frappa. La femme lui ouvrit. Tina entra et s'assit. À l'intérieur la maison était très belle. Au rez-de-chaussée comme à l'étage, tout lui convenait. Rien à redire, absolument rien.

— Je me croyais punie pour tout ce que j'avais fait de mal au cours de ma vie, raconte Tina. Préjugés et sentiments de culpabilité ont bien failli me faire rater cette occasion. J'étais persuadée que tout ce qui m'arrivait, tout ce que je perdais, était dû à mes torts passés. Et qu'il ne pouvait rien m'arriver de bien. »

— Je me sens coupable, dis-je un jour à un ami à propos d'une chose que j'avais dite ou faite. C'était sans doute un truc idiot, une broutille. Ou quelque chose que j'avais fait par égoïsme.

— Non, répliqua mon ami, tu ne te sens pas coupable de *ça. Tu te sens coupable de tout.*

Il avait raison. Il m'arrive même de me sentir coupable de toute cette culpabilité.

On cherche. On se pose des questions. On hésite. On revoit son passé. On essaye de faire mieux, et encore mieux. On voudrait vraiment comprendre. Toutes sortes de choses se sont mal passées. Et ça a parfois commencé très tôt – quand on était encore dans le sein maternel.

« La première chose que j'ai entendu ma mère me dire ce n'est pas : “Je t'aime”, c'est : “j'aurais préféré que tu ne viennes jamais au monde” », raconte un homme.

Se pourrait-il que ce fardeau de culpabilité que nous portons ne nous appartienne pas ?

Humm. C'est une idée.

« Mon père est un alcoolique. Il continue à boire. Quand il m'appelle, il ne me dit pas qu'il m'aime, il me demande si je l'aime toujours, dit une femme. Et la meilleure c'est que je me sens coupable du fait qu'il boit et qu'il ne m'a pas suffisamment aimée.

« J'ai parfois l'impression que c'est comme une large plaie ouverte. Je lui dis : “Ne me demande pas si je t'aime, dis-moi que tu m'aimes.”

« Et puis je me sens coupable de lui avoir dit ça. »

Il est parfois nécessaire de se racheter pour des chose que l'on a faites. Mais c'est souvent inutile parce que le sentiment de culpabilité est entièrement imaginaire. Dans le film *La Famille Tennenbaum* une scène illustre bien ce genre de réaction.

Le père, interprété par Gene Hackman, un authentique bon à rien digne des nouvelles de Salinger, s'est toujours mal comporté – il a quitté sa femme et ses enfants pour une autre, manipulé tout le monde, etc. Mais il est revenu vers les siens et, à sa façon maladroite, il s'efforce de réparer.

— Tu devrais avoir honte de toi, lui dit sa fille pendant une promenade. Il réfléchit et dit : « Eh bien j'ai honte. » Puis il revient immédiatement à ce qu'il était en train de dire et de faire.

Donc, nous nous sentons coupables. À bon escient. À mauvais escient. Ça va, ça vient. Comme un bruit de fond. Certaines personnes douées d'une conscience active pensent énormément. Il est parfois plus facile de penser aux choses que de les éprouver car elles font mal.

Luttez avec vos démons. Parlez à vos anges. Votre cas n'est peut-être pas désespéré. Quand on se sent coupable, il peut être bon de faire amende honorable, de changer. Mais parfois il vaut mieux se dire tout simplement : « Tiens, voilà que ça recommence. Je me sens coupable. » Et puis reprendre le cours de sa vie.

Le plus drôle, lorsque j'ai une de ces bouffées de culpabilité, de peur, de mépris de moi, c'est qu'après avoir repris le cours de ma vie – fait une promenade, vu un film, fait quelque chose d'agréable ou de gentil – je repense à la chose qui m'a donné ce sentiment et je me dis : « Mais, c'était exactement ce qu'il fallait faire. » Ou bien : « Il n'y a vraiment pas de quoi fouetter un chat. » Ou encore : « Je n'ai peut-être pas eu tellement tort. Un tas de gens en ont fait autant. »

Bon. Même si on réussit à s'en persuader,
on n'est peut-être pas un animal tellement bizarre, après tout.
Quand, en regardant autour de soi,
on se croit responsable de tout ce qui ne va pas,
c'est peut-être le moment d'arrêter de culpabiliser
et d'apprendre à regarder avec les yeux du cœur.

3

Un partout

Au début Carl ne réagit pas. Puis il se sentit mortellement blessé. Enfin, il ne pensa plus qu'à se venger.

Mark était son ami. Son associé. Carl lui faisait confiance. Et Mark venait de l'arnaquer de soixante-dix mille dollars.

« Comment a-t-il pu faire ça ? Comment pouvait-il venir travailler tous les matins et me regarder dans les yeux ? se demandait Carl. Quel hypocrite ! Quel escroc ! Quel salaud ! Maintenant il va parader en ville pendant que je reste là, sans le moindre recours, privé de tout cet argent.

En plus, j'ai perdu un ami.

En fait, non. Ce type n'a jamais été mon ami. Les amis ne font pas des coups pareils. Il s'est servi de moi depuis le début.

Il va me le payer, décida Carl. Je ne le lâcherai pas comme ça. »

Il entassa ses livres et ses dossiers dans sa voiture et se rendit au commissariat le plus proche. Il y entra avec tous ses documents et dit qu'il voulait déposer une plainte. Peu lui importait ce qu'ils avaient pu vivre ensemble, Mark et lui. Mark l'avait escroqué. Il avait commis un délit. Carl allait l'envoyer en prison.

L'inspecteur qui le reçut écouta son histoire. Il jeta un coup d'œil au monceau de papiers qu'avait apporté Carl.

— Il semble qu'un délit a été commis, dit l'inspecteur, mais c'est à vous de le prouver. Il va falloir vous débrouiller pour démontrer que votre associé n'avait pas le droit de prendre cet argent. Dans la mesure où vous aviez un compte en banque commun, ce sera votre parole contre la sienne.

— Comment ? demanda Carl.

— Je dis qu'apparemment vous avez été lésé. Mais pour faire condamner votre associé il reste à le prouver, et c'est une autre histoire. Ce n'est pas gagné d'avance. Je ne suis même pas certain que vous puissiez saisir la justice avec aussi peu de preuves.

Carl remercia l'inspecteur, ramassa ses papiers et rentra chez lui. Mentalement, il envisagea toutes les options possibles.

Il pouvait lui faire un procès. Mais cela traînerait pendant des années et lui coûterait plus d'argent qu'il n'en avait déjà perdu.

— Je peux envoyer deux ou trois costauds lui casser la gueule, si tu veux, suggéra un de ses amis.

— J'adorerais ça, dit Carl. Mais c'est contre mes principes. J'ai beau être en colère, rien ne justifie la violence, à mes yeux. Pourtant j'avoue que c'est tentant.

Carl mijota pendant plusieurs semaines. Puis il lui vint une idée. S'il ne pouvait pas envoyer Mark en prison, s'il se refusait à user de violence envers lui, il pouvait ruiner sa réputation. Il pouvait s'arranger pour que Mark perde tous ses amis, parce que tout le monde – absolument tout le monde – allait savoir qui il était en réalité et de quoi il était coupable.

Carl entreprit donc de raconter à tous les gens qui connaissaient Mark, même de loin, ce que Mark avait fait. Les gens l'écoutaient et exprimaient vaguement leur sympathie. Mais Carl voyait dans leurs yeux autre chose que ce qu'il avait espéré y trouver. Au lieu de convenir avec lui que Mark était un sale type, ils regardaient Carl – furieux, écumant, hurlant – comme s'il était devenu fou.

« J'avais l'impression de parler et d'agir comme un dément, dit Carl. Je sentais bien que la rage me mettait hors de moi. Mais je ne savais pas quoi faire d'autre. Je me sentais tellement floué, blessé, impuissant. Je ne supportais pas l'idée que Mark s'en tire indemne après m'avoir trahi.

« Il fallait qu'il paye. Et j'allais l'aider. Puisque je ne pouvais pas l'envoyer en prison, j'allais dire à tout le monde quel escroc c'était. Il fallait que je fasse quelque chose – n'importe quoi – pour me soulager. »

Malheureusement, cette vendetta ne fit aucun bien à Carl.

Chaque fois qu'il mettait quelqu'un au courant, il se sentait encore plus en colère, plus frustré qu'avant. Cette vengeance commençait à avoir un goût singulièrement amer.

« J'étais toujours aussi furieux et vexé, raconte Carl. Tout ce que je faisais ne servait à rien. Il fallait que je trouve autre chose. Et j'ai trouvé. Au début c'était très difficile. Mais je me forçais. Voilà ce que j'ai fait : je me suis mis à prier pour mon ex-associé Mark. Chaque fois que son nom me venait à l'esprit, je le recommandais à Dieu. Bien sûr, au début, je ne pensais pas ce que je disais. Pas du tout, même. Mais c'était mieux que l'autre solution. Parce que, même si je n'étais pas sincère, j'étais déjà beaucoup moins en colère.

« Le nom de Mark et la haine que je lui vouais me revenaient en mémoire vingt à trente fois par jour. Et chaque fois je disais : "Dieu le bénisse ; Dieu le bénisse." Il a fallu des mois pour que l'effet se fasse sentir, mais peu à peu ma colère s'est apaisée. »

Maintenant Carl peut penser à Mark ou entendre prononcer son nom sans s'émouvoir. Parfois, il se rappelle avec tristesse les jours de leur amitié et de leur travail en commun.

« Je ne veux plus le voir, dit Carl. C'est de l'histoire ancienne. Mais je lui souhaite sincèrement bonheur, succès et réussite. On fait tous des erreurs. Et on s'en veut. J'espère qu'il vit bien. »

Carl n'a pas fait de procès à Mark mais sa boîte n'a pas coulé. Neuf mois après avoir pardonné à son associé, il a touché des bénéfices imprévus cinq fois plus importants que ce qu'il lui avait volé.

Carl ne s'est pas vengé mais il s'est réconcilié avec lui-même. Il a retrouvé la paix.

Ne serait-ce pas merveilleux si la vie, le karma et la règle d'or fonctionnaient comme un distributeur automatique ? On mettrait dix centimes d'amour dans la machine et on obtiendrait instantanément un gros paquet d'amour en échange.

Malheureusement, on ne reçoit pas toujours chaque fois qu'on donne, comme le voudrait la règle d'or. Ce serait pourtant bien. Les vertueux, les généreux, seraient immédiatement récompensés. Mais le monde ne fonctionne pas comme ça. Du moins pour moi.

Les domaines où je suis mise à l'épreuve sont toujours ceux où j'aimerais que rien n'aille de travers. Les situations sont généralement des surprises, elles ne ressemblent absolument pas à ce que je pouvais prévoir et ce ne sont jamais celles que j'aurais choisies si j'avais moi-même décidé de l'épreuve.

Colère, ressentiment, désir de vengeance apparaissent alors comme les seules réactions raisonnables.

Mais parfois on encaisse. On accepte et on comprend. Je sais, c'est dur. Mais une fois qu'on s'est mis en rage, qu'on a souffert, qu'on s'est pris pour une victime, qu'on s'est révolté, que faire d'autre ?

On peut continuer à souffrir et à tempêter sans voir qu'en réalité la vie nous a fait un cadeau et peut nous en faire d'autres.

Allez-y. Mettez encore dix centimes d'amour dans la machine.
Cette fois-ci vous allez peut-être retrouver la paix. Qui sait ?

4

Maman chérie

Le téléphone sonnait. Jackie décrocha. C'était sa sœur. Elle alla droit au but :

« Je t'appelle juste pour te dire que maman est morte cette nuit dans son sommeil. »

Le choc réveilla Jackie. Ce n'était qu'un rêve mais impossible à oublier. Elle se leva. Il faisait encore nuit. Elle se fit du thé. Elle n'arrivait pas à se débarrasser des sentiments provoqués par le rêve.

Tristesse. Culpabilité. Nostalgie. Le désir que leur relation ait été meilleure. Depuis plusieurs années Jackie ne parlait presque plus avec sa mère. De temps en temps, elle faisait une BA. Mais sa mère était un peu absente. Un peu dérangée. En fait, la plupart du temps elle était carrément zinzin.

« Qu'est-ce que ça me ferait si ma mère mourait maintenant ? » se demanda Jackie au cours de la semaine suivante. Elle se remémora l'époque où elle avait cinq, six ans. Sa mère était tellement merveilleuse à ce moment-là – unique au monde. « Enfin, elle n'était peut-être pas merveilleuse, rectifia Jackie. Mais je l'aimais avec l'innocence d'un enfant. »

À mesure qu'elle grandissait, leurs relations se tendirent. Jusqu'au moment où les deux femmes cessèrent pratiquement de s'adresser la parole. Les rares fois où cela arrivait, Jackie se fermait. Elle faisait juste ce qu'il fallait pour survivre – dans la vie comme dans sa relation avec sa mère. Elle avait entrepris une thérapie. Elle avait travaillé sur elle-même. Sa mère n'avait jamais voulu entendre parler de ce qu'elle ressentait. Elle se souciait comme d'une guigne des découvertes qu'avait pu faire sa fille.

« En conclusion, se dit Jackie, si ma mère mourait maintenant, j'aurais l'impression d'une relation incomplète. »

« J'ai passé tellement de temps à analyser les aspects négatifs de notre relation que je n'ai pas pris la peine de chercher ce qu'elle m'avait apporté, explique-t-elle. Ma mère m'a appris la force. Elle m'a appris la persévérance. Elle m'a appris que quand on fait quelque chose il faut le faire bien. Et ce qu'elle ne m'a pas donné – les failles de son éducation –, je sais que je dois le donner à mes gosses. Mais le plus important c'est que ma colère contre elle et la déception que j'ai ressentie à vivre avec elle ont été un cadeau d'une valeur inestimable.

« Ma mère m'a donné l'occasion d'apprendre ce que pardonner veut dire. »

N'est-il pas étrange que le pardon accordé aux autres
ait surtout pour effet de nous faire du bien à nous ?

5

Elle a perdu son auréole

Elle sortit de l'église au bras de son nouveau mari et ils allèrent au restaurant. Ce n'était pas le premier mariage de Samantha ; ni de son époux. Il avait voulu lui montrer l'église qu'il fréquentait. Ensuite ils devaient retrouver son ex-femme au restaurant pour discuter de certaines *choses*.

« L'église m'a bien plu, raconte Samantha. En arrivant au restaurant, je me sentais légère et heureuse. Lumineuse comme si j'avais une auréole au-dessus de la tête. »

Elle commanda une tarte. Son mari s'excusa et disparut vers les toilettes. C'est le moment que choisit son ex-femme pour entamer la conversation.

« Ça m'a fait un drôle d'effet au début, d'être en tête à tête avec elle, sans lui. Mais notre relation était assez amicale, dans l'ensemble. Et elle a eu deux enfants avec mon mari. Nous allions être amenées à nous voir souvent, à l'avenir. J'estimais donc qu'il valait mieux nous entendre, si possible. »

Au bout d'un moment, le mari revint s'asseoir à leur table.

« Alors on a commencé à discuter tous les trois de la façon d'organiser le droit de visite, et tout ça. Mais je savais que des choses plus profondes étaient en jeu. Je le sentais. Elle m'en voulait d'avoir fait irruption dans sa vie et modifié ses habitudes. »

Et puis il y eut un revirement de situation. Brutal. Le mari de Samantha parlait avec son ex-femme lorsque celle-ci pointa violemment son index sur le visage de Samantha.

« Reste en dehors de tout ça, cria-t-elle. Ça ne te regarde pas ! Tu n'as aucun droit de t'en mêler ! Alors ferme-la ! »

Samantha s'était sentie bouillir dès le début de la conversation. Mais lorsque cette femme la menaça, elle sentit que son auréole était tombée.

« Je me suis mise à crier. Aussi fort qu'elle. Et je lui ai planté mon doigt en plein visage en lui disant de ne jamais recommencer. J'ai les ongles longs. Je sais que je l'ai griffée. Ça a tourné au pugilat, en public, dans ce restaurant. Je ne savais plus ce que je faisais. J'ai horreur de me conduire comme ça. Plus tard, j'ai compris ce qui s'était passé. J'ai riposté parce que je me sentais attaquée. »

Samantha s'excusa et alla aux toilettes pour essayer de retrouver son calme. Lorsqu'ils quittèrent le restaurant, Samantha était redevenue elle-même. Elle dit qu'elle était désolée de s'être aussi mal conduite, d'avoir dit ce qu'elle avait dit.

« D'une certaine façon, j'aurais pu justifier ma conduite, dit Samantha. Il y a des situations vraiment dures à vivre – surtout quand je me sens attaquée. Mais je n'aime pas me comporter comme un animal. Je n'ai pas d'affection particulière pour cette femme, mais je veux être en paix avec elle et avec moi-même. »

Nous avons tous nos mauvais moments.

La plupart d'entre nous, en tout cas.

Un soir, je demandai à un ami s'il pensait qu'une certaine personne de ma connaissance allait trahir ma confiance – ou pas. « J'aimerais pouvoir te répondre que non avec certitude, mais je ne peux pas, dit mon ami. Selon les circonstances, nous sommes tous capables de faire à peu près n'importe quoi. »

Pourquoi ne pas mettre encore quelques pièces dans cette machine à sous – vous savez bien, celle qui distribue le pardon. On ne sait jamais, vous pourriez avoir de la chance et toucher le jackpot.

6

Il tenait à s'excuser

Il arpentait son studio en réfléchissant, en essayant de se souvenir. Les choses étaient devenues un peu floues avec les années. Et l'alcool n'avait pas amélioré sa mémoire. Mais, au moins, il était redevenu sobre.

À quoi pensait-il ? Quel était son mobile ? Leur relation avait frôlé la démence, plus d'une fois. « Si je l'appelle pour lui expliquer, pour lui dire à quel point je regrette, elle comprendra peut-être que même si je lui ai fait du mal, je n'ai jamais eu de mauvaises intentions à son égard. »

Il lui fallut deux ou trois jours pour rassembler le courage nécessaire. Et il lui téléphona.

— Je sais que je t'ai vexée, blessée, déçue. Je m'en excuse, dit-il.

Il perçut sa colère à l'autre bout du fil.

— Quand on s'est mis ensemble, on avait tellement de problèmes, tous les deux, poursuivit-il. Je crois que chacun a apporté à l'autre ce qu'il y avait de pire en matière de névrose posttraumatique. J'étais mal en point et toi tu souffrais énormément. Je voulais rester sobre. Je le voulais sincèrement. Mais je finissais toujours par me saouler. Je me demande comment font tant de gens pour arrêter de boire et ne jamais recommencer. J'ai rechuté plusieurs fois.

Il devina sa réaction. Un « Je sais » hargneux.

— Mais voilà, j'avais cessé d'y croire. Chaque fois que j'essayais, je retombais. Une fois de plus. Souvent, j'ai souhaité m'endormir ivre et ne jamais me réveiller. Ça n'est pas arrivé. Le lendemain, je me réveillais, bien vivant.

« J'avais besoin de trouver quelqu'un qui ait de la valeur à mes yeux, quelqu'un qui ait perdu l'espoir, comme moi. Et c'est là que je t'ai rencontrée. J'ai pensé que si je t'aidais à redonner un sens à ta vie je retrouverais peut-être le goût de me battre.

Il expliqua qu'il n'avait pas besoin de la revoir, qu'il ne lui demandait rien, qu'il tenait simplement à s'excuser. Il voulait faire la paix avec elle.

J'écoutai attentivement chacune de ses paroles.

Puis je dis : « Excuses acceptées » et je le remerciai. On pourra nous accuser d'être codépendants, je m'en moque.

Après la mort de mon fils, c'est lui qui m'a sauvé la vie.

Nous vivons dans un monde tellement imparfait.

Les autres ne nous aiment pas comme nous voudrions être aimés. Les choses ne se passent pas conformément à nos plans, à nos espoirs. Il est facile de se laisser aller et de désespérer, dans certaines situations. Je sais que je n'ai pas toujours placé mes espoirs là où il fallait.

Un jour, je quitte mon cours de yoga avec cette recommandation de mon professeur : « Exerce-toi à pratiquer la compassion envers des gens d'autres parties du monde. »

« Très bonne idée, me dis-je en rentrant chez moi. Penser à la compassion. » En arrivant, je trouve un message d'une amie, Tracey, qui vit dans un autre État. Nous nous sommes perdues de vue quand je me suis installée en Californie. Il y a au moins sept ans que je ne l'ai pas vue.

Je l'ai rencontrée par l'intermédiaire de son père. Nous travaillions, lui et moi, dans un centre de réhabilitation, dans le Minnesota, où nous aidions des gens à s'en sortir tout en essayant de nous en sortir nous-mêmes. C'était le bon temps. On passait dix ou douze heures en réunion avec un groupe et on en sortait transformé.

Il avait rechuté et fini par retourner en prison.

C'était un type intelligent, un malin.

Dans les années soixante, il avait acheté une ancienne voiture de police dont la sirène fonctionnait encore. Chaque fois qu'il avait besoin d'argent, il la mettait en marche, coinçait une voiture en infraction et donnait le choix au conducteur : ou il recevrait une convocation chez le juge, ou il payait tout de suite.

Un jour, il était chez un couple de ses amis, avec un copain. Le couple s'est mis à se disputer. Un voisin a appelé la police. Quand les flics sont arrivés, ils ont embarqué tout le monde : le couple et les deux copains. Mon ami a fait sa déposition. Puis il a repéré, dans le commissariat, une machine à écrire qui lui plaisait. Il l'a volée au nez et à la barbe des policiers – il est sorti du commissariat en la portant sous le bras.

Arrivé chez lui, il s'est rendu compte qu'elle n'avait pas de cartouche d'encre. Furieux, il est retourné chez les flics, il a trouvé l'endroit où ils stockaient les fournitures, il a empoché deux ou trois cartouches et il est rentré chez lui.

Pendant une période, il était en possession d'un trousseau de clés, qui ouvrait les machines à sous d'un Lavomatic. Quand le Lavomatic fermait, il entrait, vidait les machines et s'en allait avec toutes les pièces. À l'époque, c'était d'un bon rapport. Mais il fallait faire vite. Il savait exactement de combien de temps il disposait avant que l'alarme se déclenche.

Un soir, il a mal calculé. Une voiture de police est arrivée alors qu'il était encore devant le Lavomatic. Il ne s'est pas démonté. Il a regardé le flic bien en face en disant : « Un mètre soixante-dix environ. Mince. Brun. Il a filé de ce côté-ci. » Il a montré une direction, et la police s'est lancée à la poursuite du mystérieux voleur tandis que mon ami s'éloignait tranquillement.

Finalement, il a arrêté de boire et commencé à aider les autres. Quand il a rechuté et fait à nouveau de la prison, sa fille lui en a beaucoup voulu. À sa sortie, sept ans plus tard, il a voulu reprendre contact avec elle. « Uniquement si tu es sur ton lit de mort », a répondu Tracey.

Trois mois plus tard, il lui téléphonait de l'hôpital. Il savait depuis longtemps qu'il était malade mais il ne voulait pas finir ses jours en prison.

C'est à ce moment-là que j'ai rencontré Tracey. Elle m'a demandé de rester à son chevet avec elle pendant qu'il agonisait. C'était environ trois ans après le décès de Shane. Je n'avais plus aussi peur de la mort.

« Je lui ai demandé un jour pourquoi il continuait à boire tout en sachant que ça le tuerait si ça ne l'envoyait pas en prison, me dit

Tracey. Je lui ai demandé pourquoi il continuait à se faire du mal et à me faire souffrir. Il m'a répondu qu'il n'arrivait pas à vivre avec certains des choix qu'il avait faits.

« Je savais très vaguement à quoi il faisait allusion – un secret assez horrible appartenant à son passé. Mais bizarrement, j'ai compris. »

Mon ami pensait que Dieu lui avait pardonné. Il me l'a dit. Mais, aussi intelligent, audacieux et malin qu'il fût, il n'a jamais trouvé le moyen de se pardonner à lui-même.

Et voilà que sept ans plus tard Tracey m'appelle parce qu'elle veut parler à quelqu'un qui la comprendra, elle le sait. Sa fille de treize ans, atteinte de leucémie depuis un an et demi, vient de mourir, après une greffe de moelle osseuse et quelques mois de rémission.

« Je n'ai pas pénétré dans l'inconnu, me dit-elle, j'y ai été catapultée par la vie.

« Contre toute attente, je m'en suis sortie. J'ai arrêté de boire. J'ai terminé mes études. Trouvé un bon boulot. Un chouette appartement – après avoir vécu dans un mobile-home. J'ai sans doute pensé que la vie allait devenir plus facile. Que les épreuves étaient terminées.

« J'en veux terriblement à Dieu, en ce moment. Je suis absolument furieuse. Il m'arrive de donner des coups de pied dans le vide. Mais, en même temps, je pense que tout dans la vie peut servir de leçon. Et les leçons deviennent de plus en plus difficiles parce que chacune nous prépare à affronter la suivante. »

Nous avons tous fait quantité de choix, dans la vie. Des bons et des moins bons. Certains d'entre nous ont quelques remords, d'autres se sentent terriblement coupables.

J'ai connu des gens qui, comme cet ami, ne savaient plus comment vivre avec les choix qu'ils avaient faits. J'en ai connu d'autres qui y ont réussi. Vous souvenez-vous de Sherry la jeune femme citée au début de ce livre ? Elle était enceinte quand elle a eu un accident de voiture et son enfant est née gravement handicapée.

« Comment j'ai fait ? dit Sherry, un thérapeute m'a aidée. C'est seulement quand ma fille a eu vingt-six ans que j'ai appris que je n'y étais pour rien. Quand un bébé est séparé du placenta, cela se produit. C'est en moi, chaque jour de ma vie. Mais j'en parle rarement. J'ai sans doute peur d'être jugée.

« Je ne peux rien y changer. Ça sera toujours là. Je ne vais pas voir ma fille très souvent. Elle ne me reconnaît pas. Elle ne reconnaît personne. Quelquefois j'ai peur, peur de me mettre à pleurer sans pouvoir m'arrêter. Alors je fais en sorte de ne sentir qu'un petit peu à la fois. Un tout petit peu. Comme si je risquais un doigt de pied dans l'eau chaude. C'est vraiment chaud et ça fait mal, mais là où je garde le pied, ça va, c'est supportable.

« C'est pour cela que je fais des activités comme les arts martiaux et la pêche. Pour sortir de ma tête et revenir dans ma vie. C'est très efficace. Tout ce que j'ai enduré m'a rendue forte. Mais entre forte et endurcie, la marge est étroite. »

Beaucoup de gens – dont moi – continuent à se poser des questions sur la validité de leurs choix.

Certains trouvent un soulagement dans le fait de s'excuser auprès des personnes auxquelles ces choix ont fait du tort ou de la peine. Et puis, en se raisonnant, ils s'efforcent de ne pas succomber à l'impression permanente qu'ils font tout mal et de vivre leur vie le mieux possible, jour après jour.

Voilà ce que, personnellement, j'ai appris : si je n'arrive pas à me pardonner complètement, je peux toujours racheter mes erreurs en m'en servant pour aider les autres.

« Nous ne regretterons pas le passé mais nous ne fermerons pas non plus la porte sur lui. Nous connaîtrons le sens du mot sérénité et nous découvrirons la paix. Aussi bas que nous soyons descendus, nous constaterons que nos expériences peuvent profiter aux autres. » C'est ce que promet le grand livre des Alcooliques anonymes si nous prenons quelques mesures simples.

J'avais mal interprété ce que me demandait mon professeur de yoga.

La compassion n'est pas une chose à laquelle penser.
C'est une chose à faire.
Et c'est aussi un choix.

Bien. Préparez-vous. Nous partons pour le Tibet.

Septième partie

GARDER LE CAP

« Il existe un rythme, un ordre inhérent à la vie, disait un de mes amis. Cela ne nous plaît pas toujours. Mais l'ordre se moque pas mal de nous plaire ou non. »

En descendant de l'avion à Lhassa, Joe et moi avons regardé autour de nous. Derrière la foule se tenait Lami qui nous fit un signe. Nous étions allés au Tibet à la fin de notre voyage en Chine. Nous y étions restés juste le temps de faire la connaissance de Lami, de constater que nous étions en altitude, très fatigués et contents de rentrer chez nous.

Six mois plus tard, nous revenions, prêts à attaquer l'escalade de la cinquième montagne – la plus sacrée de toutes – le mont Kailasa.

Selon la légende, faire une fois le tour de cette montagne nettoie le karma d'une vie. Je crois au pardon des péchés. Mais ce n'est pas la même chose que le karma. Ce n'est pas la même chose que nettoyer l'énergie négative des actes que l'on a accomplis. Et ce n'est pas la même chose que se pardonner à soi-même.

Quelque chose m'attirait vers le mont Kailasa, inexplicablement, depuis que j'avais envisagé de me rendre au Tibet. C'était même pour cela que je m'étais imposé ce périple en Chine. Il fallait que j'en passe par là avant de l'aborder. J'ignore ce qu'il avait à m'apprendre, mais le mont Kailasa m'appelait depuis longtemps, m'appelait à lui. C'était le but ultime de ma quête spirituelle.

Nous avons passé une semaine à Lhassa pour nous accoutumer à l'altitude. Elle m'étourdissait, me coupait le souffle, me donnait le vertige. Je mis plusieurs jours à vaincre mon hypoxémie. Vers la fin de la semaine, j'arrivais à monter un escalier. Alors j'ai fait un *kora* – un tour de la ville – pour célébrer la fête de l'éveil avec Joe,

Lami et les pèlerins venus tout exprès au Tibet. Et, puisque j'étais capable de faire le *kora*, Lami estima que j'étais prête à affronter des altitudes plus élevées.

Nous sommes partis vers Kailasa en jeep, suivis par un camion transportant matériel de camping et provisions. Avec des pics à plus de cinq mille et sept mille mètres, le mont Kailasa serait la montagne la plus haute que nous ayons gravie.

Lami adopta d'abord un rythme tranquille. Cinq ou six heures par jour de voyage seulement, pour que notre organisme ait le temps de s'adapter à la raréfaction de l'oxygène. Plus l'altitude augmente, plus la teneur de l'air en oxygène diminue. Et l'organisme réagit de plus en plus mal à l'absence d'oxygène.

Le quatrième jour, nous nous sommes arrêtés pour déjeuner dans une auberge de village, au bord de la route. C'était un de ces endroits où je me sens à l'aise dès le premier instant. Amada, la patronne, bavardait et souriait en préparant le repas. Elle me montra des photos de sa famille et voulut voir les miennes. Lami traduisait mais pour les sourires, pas besoin de traduction.

« Je ne serais pas mécontente de rester ici », me dis-je en remontant dans la jeep. Le village n'avait pas l'électricité, mais il était propre et accueillant. Nous avons repris la route, une piste défoncée, un chemin presque, pour atteindre notre destination du jour : une rivière à sept heures de là.

À mesure que nous progressions, je sentis mon humeur se gâter. Les arrêts pipi étaient carrément pénibles. Si les hommes n'avaient qu'à me tourner le dos pour se soulager, je devais, moi, grimper dans la rocaille jusqu'à une cachette possible. Je titubais plus que je ne marchais. Quand nous arrivâmes à la rivière, je n'avais qu'une envie, me coucher et dormir.

— Mais il faut que tu manges, Meldid, me dit Lami. Il faut refaire tes forces.

Je m'assis dans la tente réfectoire pour manger des chips et de la *tsampa* – une bouillie d'orge ressemblant à du porridge. Soudain, je fondis en larmes.

Joe leva les yeux vers moi.

— Il y a vraiment quelque chose qui ne va pas, demanda-t-il, ou c'est juste une humeur de froussarde ?

Je m'excusai, disant que je ne savais pas ce qui m'avait pris et je séchai mes larmes avant que Lami rentre dans la tente. Je ne voulais pas qu'il me voie pleurer. Il fallait que je m'accroche. Nous étions engagés dans une quête spirituelle.

Nous étions des alpinistes, maintenant.

Je finis de dîner et me glissai dans mon sac de couchage. Vers minuit, je me réveillai. Je suffoquais. J'étouffais. Je paniquais. Chaque inspiration était une lutte douloureuse.

Joe se réveilla.

— Qu'est-ce que tu as ?

— L'air est trop léger. Je ne peux plus respirer.

Irritabilité. Crise de larmes au dîner. Difficultés à marcher. Nous montions trop vite. Mon organisme ne suivait pas. Pourquoi ne l'avais-je pas senti venir ?

Joe me regarda. Ses yeux reflétaient ma peur.

Je n'ignorais rien du mal de l'altitude. J'avais lu dans mon guide qu'il pouvait se déclarer très vite. Qu'il pouvait être fatal, très vite aussi. Le seul remède consistait à redescendre pour que l'organisme se réoxygène.

Je cherchai dans mon sac à dos ma réserve d'oxygène. Elle était presque vide. J'inhalai lentement une bouffée après l'autre, pour faire durer. Lorsque la bouteille fut vide, je m'allongeai. « Calme-toi, me dis-je. Détends-toi et respire tranquillement. »

Peine perdue. Bientôt, je recommençai à suffoquer et à paniquer en sentant que je manquais d'air. Joe sortit de la tente. Il revint avec deux autres bouteilles d'oxygène.

— C'est tout ce qu'il y a dans le camion, me dit-il. Essaye de les faire durer jusqu'au matin. On ne peut pas partir de nuit. Ce serait trop difficile de traverser la rivière et trop dangereux de suivre la route.

Dès le lever du jour, Lami et Joe m'installèrent à l'arrière de la jeep.

Je m'effondrai sur le siège et j'écoutai les deux hommes discuter tandis que nous cahotions le long des routes de montagne tibétaines.

— Deux hommes sont morts du mal de l'altitude ces derniers mois dans la région. Il faut annuler notre ascension, dit Lami. C'est trop dangereux. Si Meldid se remet bien, il faudra trouver autre chose à faire au Tibet ou rentrer chez vous.

Ce fut l'une des rares occasions de ma vie où j'étais trop faible pour pouvoir m'interposer. Je n'avais rien à dire. Je voulais juste respirer de l'air.

À mesure que nous descendions, je me sentis mieux. Je réussis à m'asseoir. Cinq cents mètres de dénivellation c'est énorme quand on est sensible à l'altitude. Dès que je fus en mesure de respirer plus aisément, je me mis à réfléchir.

« Abandonner, renoncer à ce voyage ? Ils sont fous ? Impossible ! C'est pour le mont Kailasa que j'ai escaladé toutes ces autres montagnes. C'était mon but. Je voulais venir ici. Et ils prétendent que je ne peux pas continuer ? J'envisageai ce que je pouvais faire d'autre au Tibet. L'Everest. Lhassa. Non. Pas question. Kailasa est le seul endroit où j'ai envie d'aller. »

Je me penchai entre les deux sièges avant.

— J'ai une proposition à vous faire, dis-je. Qu'en penses-tu Lami ? Au lieu de retourner à Shigatsé, retournons à l'auberge d'Amada. Restons-y un ou deux jours. Voyons si mon état s'améliore. Ensuite nous méditerons. Nous prierons. J'ai un plan. Si ça marche – si l'idée paraît bonne – on peut peut-être essayer de remonter plus lentement ?

Lami me fit les gros yeux.

— Ne réponds pas tout de suite, dis-je. Réfléchis un moment.

Je n'étais pas décidée à abandonner. Pas encore.

J'étais tellement sûre de moi et de pouvoir atteindre Kailasa. Je n'avais pas prié. Je n'avais pas médité. J'avais tenu la chose pour acquise. Pendant ce voyage, chaque fois que nous passions un col élevé, Lami et le chauffeur levaient les mains en chantant : « Soe, soe, soe, soe, soe, soe, soe. » C'était une façon de demander la permission de passer le col sans encombre, une façon d'exprimer leur respect aux forces qui régissent leur monde.

— Au Tibet, avait raconté Lami un soir, on raconte cette vieille histoire. Un homme a extrêmement besoin d'argent. Il sort de sa voiture et, par terre, il voit un billet de cent dollars. Il regarde tout autour de lui. Il n'y a personne en vue – personne à qui cet argent puisse appartenir. Il se baisse et ramasse le billet. À partir de là, il peut faire deux choses. Il peut se dire : « Quel homme intelligent et puissant je suis d'avoir trouvé cet argent. » Ou il peut lever les yeux vers le ciel et dire : « Merci – je suis un homme béni. »

Je n'avais pas de pouvoir sur ce voyage.

Mais je pouvais *peut-être* obtenir la bénédiction de Dieu.

« Donc, bouddhistes, chrétiens et programmes de développement personnel sont tous d'accord, dit un jour un ami. Ils affirment que le désir est à la racine de toute souffrance humaine. Cela veut-il dire que nous devions nous interdire de vouloir quoi que ce soit ? »

Je réfléchis. La question ressemblait à un *koan*, pour moi. Je voulais trouver la bonne réponse, mais je n'y arrivais pas. Prendre le risque de vouloir quelque chose ? N'est-ce pas une forme d'orgueil ? Mais l'orgueil est-il toujours un défaut ? Et, s'il est mal de désirer, pourquoi cette capacité nous a-t-elle été donnée ?

Mon ami n'attendit pas que je trouve la réponse. Il dit : « La réponse est non. Vivre sans désirer, cela veut probablement dire être devenu indifférent, insensible. »

Il est possible de vivre sans prendre de risques. Il suffit de ne rien vouloir. De ne rien tenter. De se protéger au point de ne plus rien ressentir. Alors il n'est plus très difficile de lâcher prise puisqu'on ne s'est pas autorisé le moindre désir. On dit « qu'importe ? », pas parce qu'on est parvenu à l'équanimité absolue mais parce qu'on est enfermé dans une résignation obtuse.

On s'y croit à l'abri, on croit disposer d'une petite marge de manœuvre. Mais il y a une autre façon d'être au monde, lorsqu'on est vivant et conscient. Une façon passionnée, pleine de rêves, d'espoirs et de désirs. La prière que j'ai faite, au Tibet, était toute simple. Courte et universelle. J'ai levé les yeux au ciel et j'ai dit : « Que Ta volonté soit faite ! »

Dans cette partie, nous verrons l'exemple de personnes qui ont senti que la vie possède un sens et un ordre plus profonds. Et que faire lorsqu'on est conscient, vibrant d'espoir, de rêves, de projets, d'ambition, de passion, de peurs, de doutes et de désirs ? Le secret consiste à s'en remettre perpétuellement à Dieu.

Ne vous contentez pas de vous traîner sur le chemin de votre destin – même si, par moments, c'est la seule chose possible. Prenez part au rythme du vivant.

Apprenez à danser.

1

Ils sont allés voir plus loin

Marge Rieder, de Lake Elsinore, en Californie, commença à rassembler les morceaux du puzzle un jour de 1986. Elle travaillait avec une cliente, Maureen Williamson, qu'elle aidait à résoudre certains problèmes, sous hypnose.

Depuis vingt ans, Marge Rieder pratiquait l'hypnothérapie pour permettre à ses clients d'arrêter de fumer, de comprendre leurs phobies et leurs peurs, de retrouver des choses perdues en allant puiser dans les ressources de leur subconscient. Maureen Williamson était venue la voir, ce jour-là, avec un morceau de papier sur lequel elle avait inscrit un nom. Elle se trouvait au restaurant, en train de manger un gâteau à la carotte lorsque ce nom lui était venu à l'esprit : John Daniel Ashford. Elle ne connaissait personne de ce nom. Elle voulait savoir ce qu'il voulait dire et pourquoi elle s'en était souvenue.

Sous hypnose, elle commença à raconter une histoire d'un autre temps et d'un autre lieu. Elle se passait pendant la guerre de Sécession, à Millboro, une petite ville de Virginie. Au cours des mois suivants, Williamson révéla, toujours sous hypnose, que trente-cinq personnes vivant à Lake Elsimore avaient vécu à Millboro pendant la guerre de Sécession. Ils se connaissaient tous à l'époque, de même qu'en 1986.

Marge Rieder ouvrit ses séances à certaines de ces trente-cinq personnes qui révélèrent des détails concernant l'architecture, les maisons, les chutes d'eau et les tunnels de la petite ville de Millboro. Ils se rappelèrent également leur vie de l'époque, avec la guerre et les drames – meurtres, intrigues, amours et amitiés – qui forment la vie de tous les jours.

Lors d'un voyage à Millboro, Rieder et deux de ses clients confirmèrent pratiquement tous les détails recueillis pendant les séances d'hypnothérapie – les maisons, les immeubles, l'emplacement des tunnels qui servaient à stocker les armes et à cacher les esclaves ; certaines anecdotes concernant les événements de l'époque et des surnoms peu connus.

Il s'avéra que même Marge Rieder était impliquée dans cette histoire. Mais, pas plus que ses clients, elle n'était jamais allée à Millboro auparavant. Et deux de ses clients seulement avaient entendu prononcer ce nom avant les séances d'hypnose.

Pourtant, ils se rappelèrent fort bien la ville, les gens qu'ils y avaient connus et les émotions ressenties au cours de cette vie passée. En 1993, Rieder écrivit un livre, *Mission to Millboro*, qui reçut un accueil sympathique dans tout le pays.

Que dit-elle de l'image dessinée par les pièces du puzzle ainsi rassemblé ?

« Jamais, à aucun moment, je n'ai eu l'intention de "prouver l'existence de la réincarnation" en soi, écrit-elle. Sans la rejeter complètement, j'ai tendance à m'appuyer sur les théories de Jung concernant l'inconscient collectif et les archétypes...

« Parler de mémoire archétypale ou de réincarnation n'est qu'une question de mots. Il y a peu de doute que nous ayons tous des souvenirs de vies passées au fond de notre esprit et que ce soit la combinaison de ces souvenirs qui constitue la base de notre psyché actuelle. »

Il y a des événements qui ne peuvent s'expliquer rationnellement.

Certaines personnes croient à la réincarnation. D'autres non.

Certaines religions souscrivent à cette croyance.

En tant que journaliste, je n'ai aucune certitude. Je ne me prononcerai pas.

Religions et thérapeutes s'accordent généralement à dire que le but ou le message de la réincarnation – pour ceux qui y croient – n'est pas de se souvenir d'avoir été une princesse ou un roi dans un passé lointain. Ce n'est pas non plus de perpétuer le couple bourreau-victime – « Si je te fais cela aujourd'hui c'est parce que autrefois tu m'as fait la même chose. »

L'important, selon les religions et les thérapeutes, c'est que la réincarnation permet de situer le jeu causal dans une perspective, une vue d'ensemble plus vaste. Et, comme le dit Rieder, d'élargir le champ de l'esprit humain.

Subconscient, vies antérieures, réincarnation et vie après la mort, ces questions occupent une place importante dans notre culture depuis de nombreuses années. Qu'en pensez-vous ?

Sornettes, billevesées ou réalités ?

Un jour je discutais avec une amie qui avait traversé pas mal d'épreuves. Nous nous demandions pourquoi et ce qu'il fallait penser de cette chose que l'on appelle la vie. Je parlai de la réincarnation, disant que je ne savais pas qu'en penser. « Mais il me semble que c'est un peu comme les assurances, dis-je. S'il y a une chance, même infime, que ça existe – que je doive revenir et refaire les mêmes expériences parce que je n'ai pas appris les leçons qui m'étaient proposées – cela suffit à me décider de rester là et de faire mon possible pour y arriver. »

— Que veux-tu dire par « y arriver » ? me demanda mon amie.
— Je n'en suis pas absolument sûre non plus, répondis-je,
mais je crois que ça veut dire ouvrir son cœur.

2

Une drôle de table

Après avoir fini d'élever sa fille, seul, Don s'était installé dans une petite ville perdue. Il avait rencontré des gens. Puis les choses évoluèrent. Il était entrepreneur et un homme de sa connaissance l'engagea pour transformer sa maison. Il finit par se lier d'amitié avec lui et par emménager dans cette maison. C'est alors que la chose arriva.

Un jour, son ami rapporta une petite table de forme étrange, laquée de jaune. En la voyant, Don fut sidéré.

— Où as-tu trouvé ça ? demanda-t-il.

— Chez un antiquaire. J'ai pensé qu'elle ferait bien dans l'entrée. Pour poser le téléphone.

Don examina alors toutes les marques et taches de cette drôle de table, probablement unique en son genre.

— Là, c'est quand j'ai posé un bidon d'huile dessus, dans le garage, dit-il.

Et il expliqua de la même façon toutes ses particularités. La table lui avait appartenu plus de trente ans auparavant. Quand il avait déménagé, avec sa famille d'un bout à l'autre des États-Unis, il s'en était débarrassé.

— N'est-ce pas étrange ? Tu ne trouves pas bizarre que cette petite table ait accompli un cercle complet pour revenir jusqu'à moi ?

Nous sommes nombreux à penser que les petites choses de la vie ont un sens – nous les appelons des signes – et cela nous rassure :

il existe un ordre, nous sommes sur la bonne voie, il y a sans doute un dessein divin derrière tout cela.

Au moment de faire un choix – en tenant compte des circonstances, du destin, de ce qui échappe à notre volonté – nous avons tendance à nous poser des questions de fond. Suis-je où je dois être ? Me suis-je égaré(e) ? Y a-t-il une raison pour que je me trouve là ? Devrais-je être ailleurs ?

Lorsque les choses commencent à se gâter, à s'effondrer autour de nous – notamment dans le domaine des finances, de la santé, de l'amour – nous nous demandons souvent quelle *erreur* nous avons commise. Or, s'il est important de s'interroger sur les raisons d'une telle faillite, il ne faut pas forcément y voir le signe que nous sommes sur la mauvaise voie.

La vie peut vouloir attirer notre attention, nous montrer quelque chose. Il peut s'agir d'un cycle naturel dans notre existence – un cycle qu'on ne soupçonnait pas, qu'on n'attendait pas. Et cela peut être autre chose encore.

Lorsque je me heurte à un mur – un obstacle qui m'empêche de continuer à avancer – c'est généralement le signe que j'ai quelque chose à apprendre, quelque chose que je ne vois pas, soit parce que je m'efforce de tout contrôler, soit parce que je vais trop vite. Ma réaction prend alors les formes suivantes : entêtement, volonté de maîtriser la situation, tentative de forcer le mur et certitude que tout cela est idiot. Il faut généralement que je passe par ces différents états avant d'être disposée à apprendre la leçon proposée.

— Une fois de plus me voilà dans ce fichu marécage, chaussée de mes bottes en béton, dis-je à une amie.

— C'est sans doute que la vie veut que tu ralentisses pour ne pas manquer quelque chose qu'elle veut te montrer, répond-elle.

Comment savoir si vous êtes sur la bonne voie ou pas ? Vous avez peut-être une façon de lire certains signes que les autres trouvent bizarre, mais qui vous aide beaucoup. Se faire confiance – en tenant compte de ce que vous disent les autres et de votre voix intérieure – est un choix.

Croire qu'il existe un dessein divin peut aussi vous aider. Le chemin à parcourir est rarement semé de roses. Les leçons à apprendre se répètent parfois. C'est sans doute à plusieurs reprises qu'il nous faudra lâcher prise et nous demander. Qu'est-ce qui m'est donné à comprendre en ce moment ?

Pour beaucoup d'entre nous cette épreuve se présente au moins une fois par jour.

Il arrive qu'un mur ne soit pas réellement un mur. C'est simplement un obstacle à franchir sur notre route.

Lorsque vous doutez, ne faites pas de suppositions. Demandez.

3

Elle a fait ce qu'il fallait

Corinne Edwards regarda sa montre puis haussa les épaules et commença à interroger son premier invité. Il s'appelait Larry Dossey, il était médecin et avait écrit sur le pouvoir combiné de la médecine et de la prière – et sur le pouvoir de la pensée en tant que forme de prière.

Corinne est une excellente journaliste de télévision. Elle respecte ses invités et leur travail. Elle lit leurs livres et s'intéresse réellement aux sujets qu'elle traite. Son cameraman lui signala un petit problème.

— Ta prochaine invitée n'est pas là, lui dit-il.

— Ne t'inquiète pas, répondit-elle. Elle savait quelque chose que le cameraman ignorait. Elle savait que sa prochaine invitée arriverait à temps.

Je devais prendre la parole à la fin d'une réunion dans le Minnesota. Je m'y étais engagée depuis assez longtemps. Il s'agissait de collecter des fonds pour envoyer des adolescents drogués en cure de désintoxication. J'étais très favorable à cette initiative à une époque où les gens se demandaient encore si c'était une bonne façon de placer son argent.

Mais plus le moment de monter sur le podium approchait, plus je me sentais mal. J'avais de violentes douleurs au ventre. Je pouvais à peine me tenir assise. J'étais nauséeuse, en sueur, carrément malade. Je m'excusai, quittai la table pour aller dans les toilettes me passer de l'eau froide sur le visage. Il fallait que je me reprenne, que je fasse ce que j'étais venue faire.

Heureusement, la soirée touchait à sa fin et mon intervention devait être courte. J'avais déjà suffisamment pris la parole en public pour y arriver, même malade. « Dieu merci, les pupitres existent, pensai-je en faisant mon petit discours. Si je n'avais pas quelque chose à quoi me raccrocher, je tomberais. »

Je rentrai à l'hôtel vers onze heures. Avais-je attrapé un virus, mangé quelque chose de mauvais, je n'en savais rien, tout ce que je savais c'est que j'étais mal en point. Je me fis porter du thé et de l'eau dans ma chambre pour tenter de calmer mes crampes d'estomac. Je devais me lever à quatre heures du matin pour prendre l'avion, arriver à Chicago et participer à une émission de télévision. Cela me laissait cinq heures pour récupérer et dormir un peu. À une heure du matin, je ne dormais toujours pas. Couchée en position fœtale, je souffrais toujours.

« Maintenant, je n'ai plus que trois heures de sommeil devant moi, pensai-je en regardant le réveil comme un ennemi. Cela présage plutôt mal de l'émission de demain. »

À deux heures moins le quart, je me levai et appelai mon agent sur son portable. « Préviens Corinne Edwards. Fais-lui mes excuses. Je suis vraiment trop mal. Je ne peux pas y aller. »

Je ne serais pas en état de prendre l'avion pour Chicago après avoir dormi deux heures. J'annulai donc aussi le réveil téléphoné. Je voulais dormir le plus longtemps possible pour permettre à mon corps de se reposer, de guérir. J'ai fini par m'assoupir entre deux heures et deux heures et demie du matin.

Soudain, je me réveille. Je regarde l'heure pour voir combien de temps j'ai dormi.

Il est quatre heures du matin ! Pas question de me lever. Je roule sur le côté, ferme les yeux et m'efforce de me rendormir. Peine perdue. Je grogne, tire les couvertures sur ma tête, ferme plus fort les yeux. « Arrrgh ! Bon, d'accord. On y va », pensai-je en extirpant mon corps fatigué du lit. Je n'y arriverai pas. C'est impossible. Et puis j'ai déjà annulé. Ces réflexions en tête, je m'habille néanmoins et attrape mon sac.

Je ne sais pas avec qui je suis aux prises, mais « il » prend visiblement le dessus car je quitte l'hôtel, tout en maugréant, je prends un taxi et je réussis à monter dans mon avion.

J'arrive au studio pâle et chiffonnée, affreuse à voir. La maquilleuse fait des prodiges. « Dieu merci, les cosmétiques existent », me dis-je en me regardant dans le miroir. Au moment où j'entre sur le plateau, j'ai retrouvé figure humaine.

Corinne me pose des questions. Nous parlons de mon livre *Codependant No More* dont c'est le quinzième anniversaire de la publication. J'apprécie l'émission. Corinne manifeste un intérêt réel pour le livre et pour moi. Mais, surtout, elle a visiblement du respect pour les téléspectateurs.

L'émission terminée, elle m'invite à déjeuner. Je refuse.

— Je suis encore faible et malade. Je n'ai pas fermé l'œil de la nuit. En fait, j'avais décidé de ne pas venir.

Puis je lui raconte ce qui s'est passé.

— Je suis vraiment étonnée que l'émission ait pu avoir lieu, dis-je en conclusion.

— Moi pas, réplique Corinne.

En discutant, elle m'apprend qu'elle est veuve et qu'elle a écrit un livre, *Reflections from a Woman Alone.*

— Vous saviez que moi aussi j'ai perdu un fils ?

Je lui dis que je l'ignorais et que je suis sincèrement désolée pour elle.

— Cela fait cinq ans que j'essaye de vous avoir pour mon émission, poursuit Corinne. Chaque fois que j'appelais votre agent, il me répondait que vous ne faisiez plus de tournées dans le pays. Mais un jour il m'a signalé que vous seriez disponible cet automne. J'étais ravie. Et puis, hier, j'ai eu une sensation étrange, l'impression que quelque chose n'allait pas. Alors j'ai demandé à Dieu et à mon fils – celui qui n'est plus là – de faire en sorte que vous soyez présente à mon émission, quoi qu'il arrive.

Chacun de nous a une explication différente pour les événements qui se produisent dans notre vie. Une explication qui n'a de sens que pour nous, parfois. Et il me semble que cela n'a pas d'importance. La vie ne se limite pas à ce que nos yeux peuvent voir. Rappelez-vous que le soleil ne se lève ni ne se couche. Il reste immobile.

Certaines choses sont vraies qu'on les voit ou pas, qu'on y croit ou pas.

C'est la volonté de Dieu.

Des gens m'ont dit cela lorsque mon fils est mort. Lorsque mon mariage a tourné au fiasco, lorsque j'ai perdu tout espoir, lorsque mes rêves se sont écroulés. C'est généralement l'explication qu'on vous donne chaque fois que quelque chose tourne mal et qu'on souffre.

Il se peut que cela soit vrai. Mais ce n'est pas réconfortant. C'est justement quand je voudrais que Dieu me prenne dans ses bras pour me consoler que quelqu'un affirme qu'Il veut que je souffre, que je perde ce qu'Il vient de m'enlever.

En fait, ce que les gens veulent dire, me semble-t-il, c'est qu'il existe un plan. Certes, on va mal, on souffre, mais si l'on traverse cette souffrance, tout va s'arranger. Lorsque j'étais plus jeune, en considérant une situation, j'y voyais une ou deux issues possibles. Mais plus je vieillis plus je vois qu'il existe une infinité de possibilités et que si je les passais en revue, ma vie ne suffirait pas à les épuiser toutes.

On peut avoir l'impression que suivre sa voie, vivre sa vie consiste à assembler les nombreuses pièces d'un puzzle. Malheureusement, on ne sait généralement pas à quoi doit ressembler l'image complète et on n'a pas toujours toutes les pièces en main. Elles nous arrivent – une par une quelquefois – à mesure que passe le temps.

Un jour, je discutais avec une femme qui venait de vivre six mois extrêmement pénibles. Les choses ne s'étaient pas passées comme elle l'avait prévu et désiré. Elle s'était longtemps demandé comment elles avaient pu tourner aussi mal. Et puis soudain – comme cela arrive parfois – la dernière pièce du puzzle s'était mise en place. Et elle avait compris ce qui s'était passé, elle avait compris que c'était dans son intérêt – et qu'elle n'aurait pas pu faire mieux elle-même.

— Vous n'aimez pas la volonté divine ? me demanda-t-elle.
— Si, répondis-je. Mais pas toujours au moment
où elle se manifeste.

Huitième partie

ALLER VERS LA LUMIÈRE

Une femme me demande :

— Comment savez-vous que vous avez fait le bon choix. Que vous ne vous êtes pas trompée ?

Je lui réponds :

– Quand on est sur le bon chemin, on le sait, et même les mauvais choix nous ramènent finalement là où nous devons être.

— Je vois, dit la femme. Tous les chemins mènent à Rome.

Je me sentis soulagée en arrivant au village où se trouvait l'auberge d'Amada. Je m'efforçai de dissimuler le tremblement de mes genoux en montant jusqu'au patio qui donnait sur le parking. Je ne voulais pas inquiéter Lami. J'allais mieux mais j'étais encore faible. Je savais que je l'avais échappé belle.

Ce fut un moment paisible. En me regardant, personne n'aurait pu se douter de ce que je faisais. J'avais l'air de contempler tranquillement le paysage. En fait, je priais et je m'efforçais de m'en remettre à Dieu.

Dire avec sincérité : « Que ta volonté soit faite » provoque un grand calme en soi. Mais je précisai tout de même à Dieu que j'aimerais bien aller à Kailasa, le but de mon voyage.

Lorsque nous nous étions arrêtés chez Amada la première fois, pour déjeuner, j'avais discuté avec une compatriote de San Francisco. Elle revenait de Kailasa et se dirigeait vers le Népal. Je lui ai demandé si elle avait souffert de l'altitude. « Pas du tout, répondit-elle. J'ai pris du Diamox. »

Si je pouvais me procurer ce médicament et si mon organisme y réagissait positivement, je pourrais peut-être continuer mon voyage.

Sinon, il faudrait bien y renoncer. Je ferais un peu de tourisme et je rentrerais chez moi.

Je restai dans le patio un long moment. Puis je rentrai pour parler à Amada.

« J'aimerais vous acheter quelques vêtements, lui dis-je. (Sa fille nous servait d'interprète.) Je porte des vêtements de sport depuis presque une semaine. Ce n'est pas bien pour une femme dans cette partie du monde. »

Il y avait peu de toilettes dans la région. Les jupes longues étaient pour les femmes une façon pratique de remédier à cet inconvénient, où qu'elles se trouvent. Et j'en avais assez de faire des kilomètres pour m'isoler dans la nature.

Amada sourit et ouvrit un gros tiroir au fond de la salle à manger. Quelques minutes plus tard, j'avais revêtu une blouse rose fuchsia et une robe longue.

Trouver des solutions aux petits problèmes de la vie quotidienne contribue souvent à soulager le stress et à nous mettre de meilleure humeur.

Je retournai m'asseoir dans le patio pour voir ce qui allait se produire ensuite.

Moins d'une heure plus tard, un autocar venant du mont Kailasa et retournant au Népal s'arrêta devant chez Amada. Je pris le chauffeur à part en lui disant que j'avais besoin d'aide.

Avant que cette femme ne m'en parle, j'avais lu dans mon guide que le Diamox pouvait soulager le mal d'altitude. Une fois dans le sang, s'il était bien toléré, c'était un remède efficace. Mais certaines personnes ne le supportaient pas. Il les rendait malades. Je n'aimais pas l'idée de prendre un médicament sans prescription médicale, mais je savais que certains guides en avaient toujours dans leur trousse de secours, en cas d'urgence.

Et il s'agissait bien d'une urgence, pour moi.

Après avoir discuté un moment avec le guide, je lui achetai assez de Diamox pour faire l'aller et retour au mont Kailasa et une réserve d'oxygène.

Si les cachets me faisaient de l'effet, je n'aurais plus qu'à convaincre Lami de reprendre la route. Je commençai par prendre un demi-cachet. Cela me fit du bien.

Je dis à Lami que je me sentais mieux et que je voulais tenter à nouveau l'aventure. Nous passerions la nuit à l'auberge, partirions le lendemain matin, sans nous presser. Arrivés à la rivière, nous ferions le point. Si la nuit se passait bien, nous continuerions. Si je me sentais mal, nous abandonnerions.

Lami approuva.

— Meldid, je crois que la montagne veut que tu viennes à elle. Moi aussi j'ai l'impression que nous pouvons y aller.

Ce soir-là, Lami et Amada vinrent me voir dans ma chambre. Je ne dormais pas. Dans le poêle ventru brûlait un bon feu de bouse de yack. Une délicate odeur d'encens parfumait l'air. J'étais bien, comme chez moi. Je suis toujours étonnée de constater qu'il me suffit de me sentir en sécurité et aimée pour avoir l'impression d'être chez moi, quel que soit l'endroit où je me trouve.

Ils s'assirent. Ils avaient quelque chose à me demander. Je les invitai à parler.

— Il y a un moine qui a fait le voyage depuis l'est du Tibet. Il lui a fallu presque un an pour arriver ici. Il se cache depuis plusieurs mois en attendant la personne qui pourra l'aider. C'est le rêve de sa vie de faire ce pèlerinage au mont Kailasa, dit Lami. Il est très dangereux pour lui de voyager ; le gouvernement chinois l'arrêterait et le mettrait en prison. Accepteriez-vous de le cacher à l'arrière de votre camion et de l'emmener le plus loin possible ?

J'acceptai.

On dit souvent que rien ne se produit sans raison et que les choses arrivent toujours pour le mieux. Mais j'aime bien quand j'aperçois au moins un petit bout de cette raison.

Le lendemain nous avons repris la route vers la rivière, le moine caché parmi nos bagages. Avant d'arriver au poste frontière, nous l'avons fait descendre du camion. En se dissimulant derrière la montagne et en marchant vite, il pourrait passer la frontière, arriver au village suivant, trouver un autre moyen de transport et atteindre Kailasa avant la fin de la semaine.

Nous avons campé au bord de la rivière, ce soir-là. Je n'avais pas très envie d'aller me coucher à cause de ce qui m'était arrivé deux jours plus tôt au même endroit. Je m'efforçai de rester calme. Je m'allongeai. Fermai les yeux. Lorsque je les rouvris, il faisait jour.

Je me sentais bien.

Enfin, pas bien-bien. Mais au moins j'arrivais à respirer. Nous avons décidé de continuer. C'était un risque calculé, nous en étions tous conscients. S'il m'arrivait quelque chose, nous serions à deux jours de marche des secours. Mais, apparemment, je tenais le coup.

Le soir, comme nous approchions de la montagne, Lami me considéra d'un air grave et me dit :

— Meldid, jusqu'ici tu vas bien. Je m'excuse de te dire cela, et cela me fait de la peine, mais je ne peux pas t'autoriser à faire le tour de la montagne à pied. La piste est très dure. Beaucoup de gens meurent pendant ce pèlerinage. Ce serait dangereux pour nous tous s'il t'arrivait quelque chose.

La tristesse m'envahit brusquement. Je savais que Lami avait raison. « Mais au moins je vais arriver jusqu'au pied de cette montagne, me dis-je. La plus grande partie de mon rêve sera réalisée. »

Nous avons continué à rouler pendant une bonne heure. Puis le camion a calé. Lami et le chauffeur sont descendus pour aller bricoler le carburateur. Joe s'est tourné vers moi.

— J'ai quelque chose à te dire, moi aussi. Et ce n'est pas facile. Je ne sais pas exactement pourquoi, mais depuis une heure j'en suis tellement persuadé que c'est sûrement vrai. Tu sais que je ne suis pas particulièrement attiré par la spiritualité. Je suis un sportif. Un alpiniste. Il tendit le bras avec sa montre, très belle, très chère, au poignet. Et je suis un yuppie.

Il s'arrêta de parler et me regarda. Il ne trouvait pas ses mots.

— Et alors ? finis-je par demander.

— Je sais dans mon cœur que si nous avons fait ce voyage ensemble c'est parce que je dois faire ce pèlerinage autour de Kailasa pour toi. J'ignore tout de ces histoires de karma. Et je ne sais que penser des vies antérieures. C'est peut-être vrai ; peut-être pas. Il est possible que je te doive ça à cause de quelque chose que je t'aurais fait dans une autre vie. Ou alors le karma ne marche pas comme ça. C'est comme une vaste banque universelle. Et peu importe qui doit quoi à qui : si c'est le moment pour toi, tu seras payée. Et l'univers met dans ta vie la personne qu'il va pouvoir utiliser pour que tu sois payée.

« Alors quand on sera arrivés, je veux que tu te concentres sur cette montagne, sur ta vie, sur ce que tu veux obtenir pendant tout le temps que je marcherai pour en faire le tour. Et s'il y a un quelconque bénéfice à tirer de ce pèlerinage, je t'en fais cadeau.

J'ai commencé par pleurer. Pendant une seconde j'ai cru que Joe pleurait aussi. Mais avec lui, on ne peut pas savoir. En tout cas, c'était le genre de type à faire une chose comme celle-là.

Ensuite, j'ai protesté. Mais il a tenu bon.

Ce n'était pas exactement ce que j'avais prévu, mais cela me faisait réellement plaisir.

Il fallut à Joe deux jours de marche pour faire le tour de la montagne – avec des chaussures de randonnée dernier cri, du matériel de camping et tout ça.

Nos deux chauffeurs décidèrent eux aussi de faire le pèlerinage, puisqu'ils étaient là. Lami les y encouragea, disant que ce serait bon pour leur âme. Il ne leur fallut qu'une journée.

En revenant, ils étaient tout sourire. Ils montrèrent leurs pieds. Ils portaient des pantoufles. Complètement trouées. Ils avaient parcouru cette piste dangereuse en pantoufles !

— C'était bien, dirent-ils, mais maintenant il nous faut de nouvelles chaussures.

La leçon de Kailasa était claire. De nombreux experts, enseignants et religieux ont dit la même chose. Tout ira bien, à la fin. Et si ça ne va pas, c'est que ce n'est pas encore fini.

— Quelle est la chose la plus importante à faire pour mon évolution spirituelle lorsque je serai rentrée chez moi ? demandai-je à Lami en retournant vers Lhassa.

— Meldid, si quelqu'un passe simplement cinq ou dix minutes par jour à prier, à méditer, sa vie en sera transformée. Et quand tu pries, ne demande pas timidement : « Donnez-moi ceci ou cela », en pensant de toute façon tu ne l'obtiendras jamais. Il est important qu'au moins un petit peu tu croies que tu vas obtenir ce que tu demandes.

La réponse de Lami me fit pouffer de rire. J'étais là, avide d'un message secret, mystérieux contenant toute la sagesse du Tibet, et il me disait une chose que tous les programmes de développement personnel répètent depuis bien longtemps : médite et prie un peu chaque jour.

Vous vous souvenez de l'effet papillon ? Un choix qui implique suffisamment de battements d'ailes peut vous ouvrir les portes de l'enfer ou du paradis, n'est-ce pas ? Dans cette huitième partie, nous verrons à travers quelques histoires, comment ajouter quelques papillons à nos propres choix. Le secret consiste à croire que tout

– chacun des détails de notre vie – a une raison d'être. Il n'existe pas d'événements inutiles. Mais la vie ne se limite pas à ce que voient nos yeux. Cela veut dire qu'on n'a pas toujours l'occasion de discerner cette raison d'être.

La règle d'or s'applique peut-être encore, après tout.

1

Il n'avait plus aucun espoir

Il était assis dans sa cuisine, devant sa dernière bouteille de gin vide. Comme la plupart des alcooliques, il buvait sans autre raison que l'occasion. « Je m'enfonce dans des sables mouvants », disait-il pour décrire ce qu'il vivait. Il était incapable d'arrêter tout seul.

Un jour, un ami lui rendit visite.

Il lui parla d'une méthode pour se désintoxiquer. C'était un programme à la fois simple et difficile à mettre en œuvre. Il devait interroger son âme et sa vie pour se repentir des mauvaises actions qu'il avait commises. Il devait renoncer à son égoïsme et penser aux autres. Il devait demander humblement à Dieu de le guider et, chaque fois qu'il hésiterait, s'asseoir tranquillement et attendre que la réponse lui parvienne.

Il devait se réconcilier avec Dieu.

Bill Wilson comprenait bien l'importance de faire la paix avec lui-même et avec les autres. Mais Dieu ? Il croyait en Dieu d'une façon générale, toutefois lorsqu'il regardait l'état du monde – les guerres, les traîtrises, etc. – il pensait que le mal dominait la planète et sa propre vie. L'idée d'un Dieu personnel lui était étrangère.

Son ami l'invita alors à choisir sa propre conception de Dieu.

Ce jour-là transforma radicalement la vie de Bill et d'une partie du monde. C'est en effet ce jour-là que naquit l'idée du mouvement des Alcooliques anonymes. Bill Wilson se dit que des milliers de gens pourraient en profiter. Il se trompait. Les Alcooliques anonymes ont sauvé des millions de personnes désespérées. Le destin tragique de Bill Wilson jusqu'à ce jour – et les événements qui l'avaient provoqué – eurent donc une conclusion heureuse.

L'un des aspects importants du travail entrepris par Bill Wilson fut sa réconciliation avec Dieu par la prière. Il se trouva, grâce à elle, catapulté dans le domaine spirituel – qu'il appelle « la quatrième dimension de l'existence ». Il comprit qu'une puissance supérieure à la sienne pouvait faire pour lui ce dont il était lui-même incapable.

Inutile d'être alcoolique ou désespéré pour bénéficier de la prière. Prier ne change pas *les choses*. Prier nous transforme, *nous*.

Vous est-il arrivé de téléphoner à quelqu'un avec l'intention de laisser un message, persuadé que la personne ne serait pas là ou ne décrocherait pas ? C'est dans ce même état d'esprit que je me suis adressée à Dieu sincèrement pour la première fois.

J'ai fréquenté l'église dès mon plus jeune âge. J'ai fait presque toutes mes études secondaires dans un établissement religieux. Mais à douze ans j'étais convaincue que si Dieu existait Il ne se souciait pas de moi. Et aussi moches qu'aient été les circonstances de ma vie jusque-là, j'ai décidé que je pouvais très bien me débrouiller toute seule.

En 1973, lorsque je me retrouvai dans un centre de réhabilitation pour drogués, je fus horrifiée de découvrir un truc que la plupart des gens autour de moi savaient déjà – qu'il était impossible de se libérer de sa dépendance par soi-même. J'avais le choix entre aller en tôle et rester indéfiniment en traitement. Lorsque le juge m'avait condamnée à cette cure, il avait dit qu'elle durerait « aussi longtemps qu'il serait nécessaire ».

J'étais là depuis un certain temps déjà – plusieurs mois – et je me défonçais toujours avec des substituts le jour où je repris le dialogue avec Dieu. « Dieu, je ne sais pas si Tu existes ou non. Et je ne sais pas s'il existe un traitement capable de me tirer de là. Mais si Tu existes et si ce traitement existe, aide-moi à le découvrir, je t'en prie », dis-je.

Rien d'autre. Une simple prière.

Je levai les yeux au plafond, doutant d'avoir été entendue.

Imaginez ma surprise lorsque, quelques jours plus tard, assise sur les pelouses de l'hôpital, en train de fumer un joint, je vécus une transformation psychique qui bouleversa complètement ma vie. Je tirai une bouffée et me renversai en arrière pour regarder passer les nuages. Mais soudain j'ai vu le ciel se teinter de pourpre. Et j'ai su, à ce moment précis, que je n'avais plus le droit de continuer à me droguer.

Je tirai une nouvelle bouffée du joint puis rentrai à l'hôpital où je me lançai dans le programme de désintoxication avec toute la détermination que je mettais à me défoncer.

« Si j'utilise ne serait-ce que la moitié de l'énergie que j'ai mise à me bousiller pour essayer de m'en sortir, il n'y a pas grand-chose qui puisse me résister », me dis-je.

Je ne parlai de cette expérience à personne pendant des années. « Je suis déjà condamnée à rester indéfiniment dans cette institution, si je raconte aux gens que le ciel s'est teinté de pourpre et que j'ai vu Dieu, ils ne me laisseront jamais sortir. »

Je ne m'attendais pas à ce que Dieu réponde quand je Lui ai téléphoné.

Il n'est pas devenu plus réel ce jour-là. Il est devenu réel pour moi.

« J'étais en train de pêcher, me raconte une femme, et ça peut paraître idiot mais ça a été déterminant pour moi. J'ai lancé ma ligne dans l'eau et demandé à Dieu : "Si Tu existes, aide-moi à prendre un poisson." Et j'ai attrapé le plus gros poisson que j'aie jamais ferré de toute ma vie. Mais l'essentiel n'était pas la taille du poisson. C'était que j'avais établi une relation personnelle avec Dieu. »

On peut s'adresser à Dieu de façon formelle – en disant les prières recommandées par telle ou telle religion. On peut prier le matin, le soir ou toute la journée. Certaines personnes affirment même que nos pensées et nos intentions équivalent à des prières.

On peut tenir un journal de ses prières – dans un cahier ou un fichier d'ordinateur. Personnellement, cela m'a beaucoup aidée. J'aime les mots écrits. Ils ont du pouvoir. Les choses que j'écris deviennent tout de suite plus réelles. Et je peux relire mes prières et voir comment elles ont été exaucées. En outre, ce recueil de prières exaucées m'aide à ne pas perdre confiance quand je suis dans le creux de la vague.

On peut aussi parler à Dieu de façon informelle, à tout moment, en dirigeant nos pensées vers le concept de divin tel que nous le comprenons. On peut prier à haute voix ou en silence.

Un certain nombre de thèmes sont communs aux prières de toutes les religions, ou presque, notamment la confession des fautes, la demande de pardon et d'absolution, la reconnaissance pour les grâces accordées et les prières exaucées, la gratitude en général, les demandes d'aide – pour rester dans le bon chemin, pour résoudre certains problèmes spécifiques – et la demande de protection des êtres chers.

Je m'adresse à Dieu de façon générale aussi – je bavarde de tout avec Lui, je Lui dis ce que je ressens, à quoi je pense, où j'en suis.

Mais la prière qui est peut-être la plus puissante de toutes tient en ces simples mots : « Que Ta volonté soit faite. »

« Ta relation avec Dieu a toujours été aussi passionnée qu'une relation avec un être humain », m'a dit un ami. C'est sans doute vrai. Je L'ai adoré, détesté, supplié, je Lui ai obéi, je Lui en ai voulu, je me suis humiliée devant Lui et je Lui ai été éternellement reconnaissante, selon les moments. Et certains jours j'ai même ressenti tout ça en même temps.

À propos, quand vous demandez à Dieu de bénir ceux que vous aimez, pourquoi ne pas prendre le temps de lui demander de vous bénir, vous aussi ?

La prière est un choix.
Ne soyez pas surpris si Dieu répond à votre appel.

2

Elle était incapable de rester tranquille

Lisa était assise sur un coussin posé par terre. Les yeux fermés. Elle s'agitait. Elle se tortillait. Elle avait mal au dos. Elle se demandait quand elle allait rencontrer l'âme sœur. Elle s'inquiétait pour le paiement de ses factures. Elle entrouvrit les yeux.

La gentille petite nonne était censée lui apprendre à méditer.

Elle était elle-même plongée dans une profonde méditation. Comme en transe.

Lisa referma les yeux. Elle essaya d'effacer toute pensée de son esprit, mais les pensées continuaient à affluer.

— Bien, dit finalement Lisa incapable de rester plus longtemps assise. J'ai terminé. Combien de temps j'ai tenu ?

La nonne ouvrit les yeux.

— Sept minutes, dit-elle en souriant.

Il y a un psaume de l'Ancien Testament qui dit : « Reste immobile et connais que Je suis Dieu. » Connaître que Dieu est Dieu n'est pas très difficile. Le problème c'est de rester immobile.

Lisez un livre de méditation. Faites du yoga. Prenez un bain chaud. Allez vous promener. Il y a deux attitudes à respecter lorsqu'on veut établir une relation : parler et écouter.

On ne peut pas écouter si l'on n'est pas tranquille.

Chhhhhut.

Taisez-vous. Ne bougez plus. Concentrez-vous sur autre chose que ce qui vous vient spontanément à l'esprit – une vertu, un idéal, un lieu ou une idée qui vous apaise.

Ou ne pensez à rien. Faites le vide en vous. Demandez à Dieu de remplir ce vide.

Si vous ne pouvez pas rester tranquille pendant sept minutes, limitez-vous à cinq.

Méditer pendant cinq minutes chaque jour peut transformer votre vie.

3

Il voyait l'avenir

Michael Bodine avait le don depuis son enfance. Il voyait et entendait des choses que personne d'autre ne percevait. Il pouvait communiquer avec l'*autre côté*. Une femme vint le voir. Chrétienne, elle ne faisait pas entièrement confiance aux médiums, mais elle n'en pouvait plus. Il fallait qu'elle ait des réponses. Et très vite.

Ses questions ne différaient pas de celles que posaient tous ceux qui venaient le voir. Les grands thèmes étaient toujours amour, argent, enfants, carrière, santé et sexualité.

— Quand ma vie va-t-elle changer ? demanda-t-elle.

Il écouta calmement ce qu'il était le seul à entendre.

— Il y a autour de vous de nombreuses possibilités, dit-il. Depuis longtemps. Mais rien ne changera dans votre vie tant que vous ne ferez pas un choix.

— Et comment saurai-je quelle possibilité choisir ? Et ce que je dois faire ?

Il attira son attention sur des occasions qu'elle avait manquées. Il lui donna des détails sur celles qu'il voyait se profiler à l'horizon.

— La plupart des gens viennent me voir parce qu'ils attendent que quelqu'un ou quelque chose d'extérieur à eux change, dit Michael Bodine. Et c'est souvent un problème de synchronisation. Mais ce que les gens ne veulent surtout pas entendre c'est que, s'ils veulent que les choses changent, ils doivent commencer par se comporter autrement, eux.

« Lorsque je considère la vie des gens, je vois toutes sortes d'occasions se présenter, chaque jour. Et le plus difficile, après ça, c'est de voir toutes les occasions qu'ils laissent passer sans les saisir. La vie ne les limite pas. Ils se limitent eux-mêmes en n'écoutant pas une intuition à partir de laquelle ils pourraient faire un choix. »

On peut appeler ça inspiration, intuition ou sixième sens. Dans la vie, il y a deux sortes de sentiments, les émotions et la façon dont on vit les choses.

Lorsque je n'arrivais pas à trouver de travail, j'étais inquiète, angoissée et déprimée, mais pour choisir où chercher je me laissais guider par mon intuition.

Lorsque mon fils est mort, j'étais anéantie, désespérée, folle de chagrin. Je ne savais plus quoi faire car ce drame m'avait ôté toute faculté de raisonnement. C'est une petite voix intérieure qui me guidait d'instant en instant et me permettait de survivre, jour après jour.

Ces deux formes de ressenti sont importantes. Les émotions doivent être éprouvées et exprimées pour que nous puissions entendre les sentiments plus discrets, ceux qui nous guident le long de notre chemin.

Prendre soin de soi-même n'est pas une science statique.
C'est un art en perpétuelle évolution.

Il faut se colleter avec les événements
tant qu'on n'a pas appris à se faire confiance.

4

Elle a appris le non-attachement

Elle regardait son mari se noyer dans l'alcool, massacrant leur famille, leur compte en banque, leur amour.

« Tu ne peux rien faire pour lui, lui dit sa meilleure amie. Mais tu peux changer, toi. »

Lorsqu'Elaine découvrit pour la première fois le concept de lâcher-prise, de non-attachement elle se dit qu'il ne lui servirait sans doute qu'une ou deux fois dans sa vie. C'était un concept difficile à saisir – comment aimer les autres, s'occuper d'eux, comment être intimement impliquée dans leur existence sans s'attacher, sans se raccrocher aux êtres, aux lieux et aux choses.

« Au début, j'ai pensé que mon mari était un pauvre type et qu'il fallait que je me détache de lui seulement. Vingt ans ont passé. La leçon s'est gravée en moi. Il a fallu que je me détache de lui. De mes enfants qui ont grandi et quitté la maison. Avant et après, ils ont eu des problèmes. Là aussi il a fallu que je lâche.

« Progressivement je me suis pénétrée de ce message : lâcher prise n'était pas un acte isolé ou répété mais une façon de vivre. Et c'est mon alcoolique de mari qui m'a permis de le découvrir. »

« Tu ne peux pas l'empêcher de boire, Melody. Mais tu peux aller chez les Alcooliques anonymes. »

« Tu n'y peux rien – quel que soit le problème qui se pose – mais tu peux aller au cinéma. Fais quelque chose – n'importe quoi – pour te changer les idées. »

Je me conduis parfois comme un chien avec un os. Ce qui

échappe à mon contrôle devient mon unique souci, ma préoccupation de tous les instants. J'y plante mes crocs et je m'acharne dessus jusqu'à l'épuisement. Lâcher prise, cela commence souvent par déplacer son attention d'une chose impossible à une chose possible à réaliser. Sans résoudre le problème, cette attitude permet de se détendre pour attendre tranquillement de voir comment la situation va évoluer.

Les petites choses que nous faisons ont parfois beaucoup d'importance.

« Les dernières années de la vie de mon père, je lui rendais visite et j'étais triste de le voir vivre seul, m'a raconté une femme. Je lui demandais s'il ne souffrait pas de sa solitude. Il me répondait : "Je suis dans une relation intime avec le monde, ma douce." »

Le non-attachement n'est pas un manque d'intérêt.
Le non-attachement n'est pas réservé aux situations de rupture.
C'est une façon de vivre qui peut améliorer toutes nos relations.
Et quand on cesse de s'accrocher – à un individu, un lieu,
une chose –, on découvre souvent qu'on y a gagné
plus qu'on n'y a perdu.

5

Il a trouvé l'arc-en-ciel et le trésor

« Voilà de l'argent – c'est la moitié de ce que je possède en ce monde. Prends-le, va apprendre la magie noire et n'aie pas de repos avant de nous avoir vengés, dit la mère à son fils. Si tu ne le fais pas, je me tuerai et tu seras responsable de ma mort. »

Au décès de son mari, le frère de celui-ci lui avait volé l'héritage qui revenait à cette femme. Puis il les avait traités, elle et ses deux enfants, avec beaucoup de cruauté, comme de la crotte, comme des esclaves. Elle lui en voulait. Elle était obsédée par la haine.

Cette histoire s'est passée il y a mille ans, au Tibet. La femme qui parlait ainsi à son fils de quinze ans était la mère de Milarepa. Depuis, beaucoup de choses ont changé dans le monde. Mais douleur, cruauté, trahison, déception, haine, vengeance et volonté de donner un sens à la vie sont toujours d'actualité.

Qu'ils règlent leurs problèmes à coups d'argent ou de médicaments, en pratiquant l'indifférence, le repli sur soi, la vengeance, l'abnégation, l'acharnement, la manipulation ou la magie, nos contemporains veulent avoir le sentiment d'exercer un pouvoir sur leur vie.

Nous voulons ce que nous croyons susceptible de nous rendre heureux. Nous voulons ce qui nous a été volé ou refusé, y compris notre capacité d'action.

Nous ne voulons pas souffrir.

Milarepa, jeune homme spolié de son héritage, fit ce que sa mère demandait. Il apprit la magie noire – autre forme de pouvoir. Puis il jeta un sort à la famille de son oncle chez qui trente-cinq personnes moururent. Des scorpions et des serpents détruisirent une poutre pendant un mariage, raconte la légende. La maison s'écroula, tuant tous les invités sauf l'oncle et sa femme. Milarepa voulait qu'ils survivent pour être témoins de sa vengeance. Il voulait qu'ils souffrent, eux aussi.

Et, pour bien les persuader de sa puissance, Milarepa lança un nouveau sort. Il envoya un orage de grêle sur le village qu'habitait son oncle, détruisant toutes les récoltes et semant la terreur. L'oncle comprit le message. Les villageois aussi.

La guerre était finie. Milarepa et sa mère avaient gagné.

Le goût de la victoire et de la vengeance lui fut d'abord très doux. Mais, en un moment affreux, tout changea. Milarepa comprit ce qu'il avait fait. De même que les notions de trahison, de perte et d'injustice, il existait déjà, à l'époque, une autre façon de penser qui nous est familière. « Il n'y a pas d'acte gratuit. Ne faites pas aux autres ce que vous n'aimeriez pas que l'on vous fît. Aime ton prochain comme toi-même. Et « Qui sème le vent récolte la tempête », tant il est vrai que les conséquences font souvent plus de dégâts que les causes qui les ont produites.

Milarepa avait tué. Il avait privé beaucoup de gens de leurs moyens d'existence, de leurs ressources et de leurs proches. Il les avait réduits au désespoir. Il était fichu. Son destin était scellé. Il allait payer. Mais c'était lui qui avait rédigé la facture. Il était magicien. Les lois de son pays ne pourraient pas l'atteindre, il savait toutefois que la grande loi de la causalité universelle – le karma – le rattraperait inéluctablement.

C'était le tour de Milarepa d'être tourmenté, obsédé – non par ce qu'on lui avait fait mais par ce qu'il avait fait à d'autres et, donc, à lui-même. Il chercha un maître, quelqu'un qui l'aiderait à faire volte-face, à réparer certains des dommages qu'il avait causés et à repartir sur le bon chemin. Touché par le désespoir de Milarepa, son ancien maître, celui qui lui avait enseigné la magie noire, décida lui aussi de réformer sa vie et de chercher une voie meilleure. Milarepa finit par rencontrer un lama, Marpa, qui accepta de le guider. Marpa était considéré comme l'un des plus grands sages de son temps. Beaucoup croyaient que le maître dont il avait reçu l'enseignement était une réincarnation d'Amitabha – autre façon de dire *amitofa* – « bénédiction » ou « lumière infinie ».

En Occident, cela se dit « grâce divine ».

Milarepa est donc décidé à réformer sa vie, mais son histoire ne s'arrête pas là. Heureux de commencer son apprentissage, il comprend bien vite que de dures épreuves l'attendent. Marpa accepte de lui prodiguer son enseignement à condition que Milarepa le mérite en construisant une tour – une demeure – pour son maître. Milarepa obéit. Il transporte chaque pierre, toutes les pierres nécessaires à la construction, à mains nues. Mais avant que la tour soit terminée, Marpa lui dit de la détruire et de rapporter chaque pierre à sa place. Milarepa obéit. Ensuite, Marpa lui commande de construire une tour dans un autre endroit. Avant qu'il ait terminé l'ouvrage, Marpa change à nouveau d'avis. Cela dure un certain temps. Milarepa n'a pas le droit de terminer ce qu'il entreprend. Il est maigre, affaibli, et son corps est couvert de meurtrissures. Plusieurs fois, il a été plongé dans le plus profond désespoir. Et Marpa ne lui a encore rien enseigné.

Finalement, Milarepa renonce. Il quitte Marpa et va chercher l'illumination ailleurs. « Si je ne peux pas avancer, si cet homme me bouscule comme il le fait, c'est sans doute à cause de mon karma et de tous les gens que j'ai fait souffrir, pense Milarepa. Au moins, j'ai arrêté de tuer et de faire du mal. Même si je n'arrive pas à l'éveil dans cette vie, je ne serai peut-être pas obligé de revenir dans le corps d'un scorpion ou d'un serpent. »

La femme de Marpa, prise de pitié pour Milarepa, l'a aidé à trouver un autre maître. Quelque temps après, Marpa rappelle Milarepa auprès de lui. Et il lui explique :

« Je ne t'ai pas torturé par méchanceté. Mais tu avais tellement d'émotions négatives, tellement de karma négatif à cause de ce que tu avais fait. Tu avais besoin de ces pénibles expériences pour nettoyer les décombres que tu as causés par le passé. Tu avais besoin de ressentir cette angoisse pour te pardonner et te libérer. Cela faisait partie d'un projet spirituel.

« Tu aurais dû être plongé dans le désespoir à neuf reprises, mais tu ne l'as été que huit fois parce que ma femme, prise de pitié pour toi – bénie soit son âme – s'est interposée. Mais tu es suffisamment nettoyé pour recevoir mon enseignement maintenant. Tu es prêt à cesser de regarder en arrière, à passer au niveau suivant et à progresser. D'ailleurs, ajouta Marpa, il est possible d'atteindre l'éveil en une seule vie. Oui, la voie est longue. Mais il en existe une plus courte. Je te l'enseignerai si tu le désires. »

Milarepa devint le meilleur disciple que Marpa ait jamais eu. Il médita, apprit les enseignements secrets et les pratiqua toute sa vie. Certains d'entre eux étaient simples et valent toujours aujourd'hui : n'oublie pas d'où tu viens ; traite les autres comme tu voudrais être traité. Et il fit un grand pas en avant le jour où il maîtrisa cette vérité : si tu veux passer un seuil, tiens d'abord la porte pour laisser passer les autres.

Beaucoup de gens pensent que quand l'élève est prêt, le maître se présente. Pour Milarepa, lorsque le maître apparaît c'est que la personne sur le point de se réveiller et d'écouter le maître qui est en elle. Le maître intérieur de Milarepa était réveillé. De même que son lama intérieur, cette partie de tout être humain où résident conscience et capacité d'apprentissage.

Un jour, Milarepa quitta Marpa pour retourner dans son pays. Il vécut dans des grottes, dormit dans les champs, méditant et rappelant à ceux qui venaient le voir le karma, la faculté de faire des choix, l'importance de la vie et des choix.

Il ne prêchait pas.

Il chantait.

Il pardonna même à la tante qui avait contribué à le spolier de son héritage. Il pria pour son illumination. « Elle ne me doit rien, disait-il. C'est moi qui lui dois tout. Sans elle, je ne serais pas qui je suis, où j'en suis. Elle m'a aidé à trouver mon chemin. »

Il avait compris que sans en vouloir à quelqu'un il n'aurait jamais appris à pardonner.

Rien ne se produit sans raison, comme nous l'apprend Milarepa. Mais il faut parfois beaucoup de temps et d'expériences pénibles, déroutantes, pour que la raison des choses nous apparaisse.

Au moment où il mourut, à quatre-vingt-quatre ans, Milarepa était uni à l'univers et à lui-même. On dit que son corps physique ne s'est pas détérioré, qu'il s'est transformé en un arc-en-ciel de lumière. Sa légende perdure. Il a montré et illustré la voie qui mène du péché à la sainteté.

« Son chant touchait même les chiens et les cerfs dans les champs, raconte un homme qui vit au Tibet. Il aidait le cerf à se souvenir de ne pas avoir peur et aux chiens à cesser de pourchasser le cerf. »

Milarepa a choisi la voie courte. Il a atteint l'illumination en une seule vie. Et puis il a enseigné que cela ne prenait pas nécessairement autant de temps. On peut parvenir à l'illumination en se réveillant, en se laissant guider par certains principes et en faisant chaque jour des choix conscients.

Il n'est pas nécessaire de devenir un gourou, de vivre dans une grotte et de manger de la soupe d'ortie, comme le fit Milarepa, pour atteindre l'éveil. Les problèmes qui nous irritent ou nous bouleversent le plus – ceux que nous sommes tentés de régler par la vengeance, l'argent, les médicaments, le déni, l'indifférence et ceux que nous voulons à tout prix éviter – ne sont pas seulement des problèmes. Ce sont nos montagnes, nos grottes tibétaines. Ce sont des seuils d'accès à la voie.

Au cours de ma vie, j'ai vu toutes sortes de changements se produire, pour moi et dans le monde. Il n'y a pas si longtemps, nos possibilités de choix étaient limitées. Les femmes restaient au foyer ou devenaient soit institutrices, soit secrétaires. Les hommes gagnaient l'argent du ménage. Lorsqu'on était maltraitée, on se taisait et on encaissait. On serrait les dents. On vieillissait. Et quand on était malade, on mourait.

Aujourd'hui, il existe des traitements pour beaucoup de maladies autrefois incurables. Même si, dans notre pays, deux cent cinquante mille personnes meurent prématurément chaque année, la majorité des gens vivent plus longtemps et en meilleure santé. Cela veut dire que nous ne sommes pas seulement amenés à choisir le métier que nous exercerons à l'âge adulte, mais aussi ce que nous ferons après la retraite.

L'information n'a jamais été aussi disponible et les choix abondants. Pour communiquer, allons-nous envoyer un e-mail, téléphoner, écrire une lettre ou envoyer un message télépathique ? Et si le contact se fait rapidement avec les vivants, nous pouvons aussi consulter un médium pour communiquer avec les morts.

On peut se marier, vivre maritalement, rester célibataire, adopter un style de vie traditionnel ou peu conventionnel, avoir des enfants, adopter des enfants, les concevoir dans une éprouvette ou ne pas avoir d'enfant, si tel est notre désir. On peut se marier, divorcer, se remarier. On peut se faire lifter le visage ou liposucer la cellulite. Et on peut se raser le crâne, mais aussi, grâce à des extensions et des implants, se faire repousser les cheveux.

Les femmes peuvent vivre avec des hommes plus jeunes, les hommes peuvent vivre avec des hommes, les femmes avec des femmes ; on peut louer, acheter, vivre dans une caravane, tout quitter pour s'installer quelque part, sous la tente. On peut manger sucré ou sans sucre ; consommer de la viande ou pas. Et quand on est végétarien, on a encore le choix : on peut considérer le poulet et le poisson comme des légumes ou comme de la viande.

Quantité d'options sont aujourd'hui possibles qui n'existaient pas autrefois : hyperanxieux ou déprimés, nous pouvons modifier chimiquement notre équilibre en avalant un comprimé. Et nous avons encore d'autres choix possibles – concernant la façon de traiter autrui et nous-mêmes – que nous ignorions autrefois.

Étant donné la difficulté de certains choix et tous les papillons qui battent des ailes – étant donné les risques, calculés ou non calculés – choisir est encore la plus grande chose qui nous soit donnée.

Le libre arbitre, mes amis. Il n'y a rien de plus grand sur la planète terre.

Alors, qu'allez-vous faire ?

Vous connaissez la marche à suivre.

Choisir c'est vivre.

BIBLIOGRAPHIE

Les Alcooliques anonymes : l'expérience de milliers d'hommes et de femmes qui se sont rétablis de l'alcoolisme, Alcoholics Anonymous World Service, 1989.

ANDERSEN Wes, *La Famille Tenenbaum*, d'après Wilson Owen, 2002, film.

BACH Richard, *Jonathan Livingstone le Goéland*, Librio, 1994.

BEATTIE Melody, *Vaincre la codépendance*, Pocket, 1998.

–, *Savoir lâcher prise : méditations quotidiennes*, Science et Culture, 1996.

BERG Michael, *The Way*, New York, John Wiley & Sons, 2001.

BERG Phillip S, *Les Secrets kabbalistiques de la vie et de la réincarnation*, Ari Zal, 1994.

BERG Rabbi Yehuda, *Power of the Kabbalah*, Los Angeles, Kabbalah Center International, 2000.

BODINE Echo, *A Still, Small Voice*, Novato, CA, New World Library, 2001.

CAMPBELL Joseph, *Les Mythes à travers les âges*, Éd. Le Jour, 1994.

–, *Puissance du mythe*, J'ai Lu, 1997.

CHÖDRÖN PEMA, *The Places That Scare You*, Boston et Londres, Shambhala, 2001.

–, *Quand tout s'effondre*, La Table ronde, 1999.

COOPER J. California, *The Future Has a Past*, New York, Doubleday, 2000.

CRANE George, *Bones of the Master*, New York, Bantam Books, 2000.

LE DALAÏ LAMA, *L'Art du bonheur*, Robert Laffont, 1999.

DOSSEY Larry, *La Prière, un remède pour le corps et l'esprit*, Éd. Le Jour, 1998.

EDWARDS Corinne, *Reflections from a Woman Alone*, Center City, MN, Hazelden, 2001.

FIELDING Helen, *Le Journal de Bridget Jones*, J'ai Lu, 2001.

GANTOS Jack, *Joey Pigza Swallowed the Key*, New York, Farrar, Straus & Giroux, 1998.

GYATSO Geshe Kelsang Guyatso, *The Meditation Handbook*, Londres, Tharpa Publications, 1990.

HOFFMAN Lawrence, *A Way into Jewish Prayer*, Woodstock, VT, Jewish Light Publishing, 2000.

JUNGREIS Rebbetzin Esther, *The Commited Life*, New York, Harper Perennial, 1998.

KÜBLER-ROSS Élisabeth, *The Tunnel and the Light*, New York, Marlowe & Company, 1999.

–, *Leçons de vie*, J.-C. Lattès, 2002.

KUSHNER Harold, *When Bad Things Happen to Good People*, New York, Avon Books, 1981.

LEWIS C.S., *A Grief Observed*, New York, Bantam, 1976.

LHALUNGPA Lobsang, *The Life of Milarepa*, New York, Penguin/Arkana, 1992.

NEWTON Isaac, *Principes mathématiques de la philosophie naturelle*, J. Gabay, 1990.

RIEDER Marge, *Mission to Millboro*, Nevada City, CA, Blue Dolphin Publishing, 1993.

ROSANOFF Nancy, *The Complete Idiot's Guide to Making Money Through Intuition*, New York, Alpha Books, 1999.

SCHWARTZ Jeffrey et BEYETTE Beverley, *Brain Lock*, New York, Harper Collins, 1997.

SEUSS Dr., *Oh, the Places You Will Go !*, New York, Random House, 1990.

TELUSHKIN Rabbi Joseph, *Le Grand Livre de la sagesse juive*, C. Levy, 1999.

WILKINSON Bruce, *The Prayer of Jabez*, Sisters, OR, Multnomah Publishers, 2000.

WILLIAMS Margery, *The Velveteen Rabbit*, New York, Doubleday, 1922, 1991.

www.cosmicharmony.com/Av/Milarepa/Milarepa.htm

REMERCIEMENTS

Je remercie :

Michael Bodine pour son soutien sans faille et pour sa théorie des menottes chinoises. *Choisir c'est vivre* n'aurait pas existé sans lui.

Emily Bump Girard dont l'article « Choose Your Own Adventure » publié dans le numéro de mars 2001 de *Parachutist* m'a donné l'idée de ce livre.

Mes moniteurs, Andy Delk pour le saut en parachute et Michael Fowler pour l'aïkido, qui m'ont enseigné la notion de mémoire musculaire dans l'apprentissage de ces deux disciplines, et les Alcooliques anonymes qui m'ont enseigné la notion de mémoire musculaire dans l'apprentissage de leur programme.

David Cain, président de RS Eden à Minneapolis, pour sa foi dans les notions de service, de karma et dans la nécessité de tenir la porte aux autres.

Élisabeth Kübler-Ross, l'une de mes grandes héroïnes.

Lori Teresa Yearwood et son père, Vernon Yearwood-Drayton.

Remerciements aussi à Lami, Pat, Andy, Earnie Larsen, Joe, Corinne Edwards, Debbie, Jeanie, Margaret, Sherry, Debbi et à tous les anonymes qui m'ont raconté leur histoire.

Aux membres de ma famille, Nichole, Michael, Julian, Maceo, Blake, Bianca, Katie, John, Ginette, Brandon, Courtney, Jeanne, Bob, maman, papa, Jim, Pam, Joanne, Donnie et les autres.

À David Vigliano, Louie, Liz, Steve, Anne – et tous les professionnels du livre qui ont contribué à la parution de ce livre.

À Shane.

À Dieu qui a montré Son visage dans toutes les personnes mentionnées ici.

Table

Impression réalisée sur CAMERON par

BUSSIÈRE CAMEDAN IMPRIMERIES

GROUPE CPI

à Saint-Amand-Montrond (Cher)
pour le compte des Éditions Robert Laffont
en octobre 2003

Cet ouvrage a été composé et mis en pages
par Étianne Composition
à Montrouge.

N° d'édition : 44145/01. — N° d'impression : 035392/4.
Dépôt légal : novembre 2003.

Imprimé en France